D1860843

महा माई

महा माई

कन्नड़ नाटक

चन्द्रशेखर कंबार

अंग्रेज़ी से अनुवाद

सिन्धु मिश्रा, भानु भारती

वाणी प्रकाशन

वाणी प्रकाशन

4695, 21-ए, दरियागंज, नयी दिल्ली 110 002

शाखा

अशोक राजपथ, पटना 800 004

फ़ोन : +91 11 23273167 फ़ैक्स : +91 11 23275710

www.vaniprakashan.in
vaniprakashan@gmail.com
sales@vaniprakashan.in

MAHA MAI
by Chandrashekhar Kambar
Translated by Sindhu Mishra, Bhanu Bharti

ISBN : 978-93-86799-53-1
Play

मूल्य : ₹ 100

सिटी प्रेस, दिल्ली-110 095 में मुद्रित

वाणी प्रकाशन का लोगो मक़बूल फ़िदा हुसेन की कूची से

भूमिका

आधुनिक भारतीय नाट्य वाङ्मय में कई कृतियाँ हैं जो अनेकानेक कारणों से न केवल चर्चित हैं, अपितु महत्त्वपूर्ण भी हैं। भारतीय रंग आन्दोलन को पुष्ट करने में हमारे नाटककारों की महत् भूमिका रही है और है। पचास के दशक में रचा गया नाटक 'अन्धा युग' मेरी समझ में एक कालजयी कृति है। लेकिन, अगर मुझसे पूछा जाए कि वह कौन-सा नाटककार है जो आधुनिक भारतीय रंगमंच को उसकी सम्पूर्ण संश्लिष्टता में एक अलग और महत्त्वपूर्ण पहचान देने में सक्षम है तो मैं बेहिचक कहूँगा कन्नड़ नाटककार चन्द्रशेखर कंबार।

कंबार नाटककार होने के साथ ही एक प्रतिष्ठित कवि एवं लोक-कलाविद् भी हैं। गाँव के एक साधारण लोहार परिवार में जन्मने के कारण लोक से उनका नाता किसी 'एकेडेमिक' का न होकर एक ऐसे व्यक्ति का है जिसने उसे उसकी समस्त विडम्बनाओं और क्षमताओं के साथ न सिर्फ़ पहचाना है अपितु जिया और भोगा है। इस पृष्ठभूमि से उभरकर जब कंबार आधुनिक विश्व साहित्य से रू-ब-रू होते हैं तो एक अनूठे कला व्यक्तित्व का उदय होता है, और इसे मैं आधुनिक भारतीय रंगमंच का सौभाग्य ही कहूँगा कि वे संगीत, सिनेमा, काव्य रचना आदि के साथ रंगमंच में भी एक सक्रिय भूमिका निभा रहे हैं। उनके नाटकों में जहाँ महाकाव्यों की-सी सघनता है, वहीं लोक मन का सरल खिलंदड़ापन भी है। पर उसी के साथ है एक आधुनिक साहित्यिक की वह नज़र जो वर्तमान जीवन को उसकी सम्पूर्ण संश्लिष्टता में देखती और अनुभव करती है।

महामाई उनका एक और महत्त्वपूर्ण नाटक है जिसे मैंने हाल ही में खेला है। इससे पहले मैं उनका दूसरा महत्त्वपूर्ण नाटक 'सिरी सम्पिगे' राष्ट्रीय नाट्य विद्यालय के रंगमंडल के लिए 'अक्स तमाशा' नाम से

प्रस्तुत कर चुका हूँ। दोनों ही नाटकों को खेलते हुए मुझे आवश्यक लगा कि मैं उनकी संरचना अपने तईं पुनः करूँ। और मुझे प्रसन्नता है कि दोनों ही नाटकों में जो भी परिवर्तन मैंने किये, उनमें कंबार की बेहिचक सहमति मिली। अतः प्रस्तुत अनुवाद को पढ़ते हुए यह आवश्यक है कि इस बात का ध्यान रखा जाए कि यह 'महा माई' का एक पाठ है, उसका हू-ब-हू अनुवाद नहीं। इसे एक 'प्रदर्शन आलेख' के रूप में भी देखा-पढ़ा जा सकता है।

—भानु भारती

मंच पर

महा माई	सिन्धु मिश्रा
संजीव	भूपेश पंड्या
राजकुमारी	चारुल लॉल
मदन	स्वदेश बन्धु
मारा	केतन प्रकाश
पुष्पा	रमा यादव
गिरिपल्लवी	बिन्दु चौधरी
मंजरी	मीना
मद्रांगी	रमा यादव
यमदूत	जावेद
औरत	रमा यादव

पार्श्व में

प्रकाश सज्जा	आर.के. धींगरा
निष्पादन	शरद
पोशाक	सिन्धु मिश्रा
संगीत	गगन
सेट सज्जा	अभिषेक शर्मा
सेट निष्पादन	अमरजीत
मंच सामग्री	एन.जी. रोशन
मंच प्रबन्धक	केतन प्रकाश
नाटककार	चन्द्रशेखर कंबार
रूपान्तरण	भानु भारती एवं सिन्धु मिश्रा
परिकल्पना एवं निर्देशन	**भानु भारती**

दृश्य एक

गिरिपल्लवी : ये कहानी है महा माई की। महा माई—आप समझे ना कौन? जी हाँ, मृत्यु की देवी। उन्हीं की कहानी है ये। हम उन्हें यहाँ माता शेतवी के नाम से पुकारते हैं।

हम चाहते थे इस नाटक की शुरुआत माता शेतवी की आराधना से हो। परन्तु उनकी नज़र तो हमेशा अन्त पर होती है। और अन्त से कोई नाटक कैसे शुरू हो सकता है? सो बड़ी मुश्किल है। तो ऐसा करते हैं कि हम आपको माता शेतवी का परिचय भर दे कर ये नाटक शुरू कर देते हैं।

(महा माई के आगमन का सूचक संगीत)

अरे, वे तो स्वयं ही चली आ रही हैं।

महा माई : हाँ, मैं हूँ माता। इस सारे जगत् की। और सारे चर-अचर, रोशनी और जीवन की। ज्ञान और गीत की अन्तिम परिधि भी मैं ही हूँ, जिसे आज तक कोई नहीं लाँघ सका।

आपको शायद मैं एक बूढ़ी औरत दिखती हूँ। पर मुझे पल-पल रूप बदलने होते हैं—इक बहुरूपिए की तरह। हर व्यक्ति के अन्तिम क्षणों में मुझे उसकी इच्छा, उसके स्वभाव और उसकी भावना के अनुसार दिखना होता है।

रूप ही नहीं, मेरे नाम भी अनेक हैं। हर पर्वत पर मेरा वास है। और हर वासे से मेरा एक अलग नाम है। यहाँ इस पर्वत पर, जैसा कि गिरिपल्लवी ने आपको बताया, मुझे शेतवी माता कहते हैं। पर, महा माई एक ऐसा सम्बोधन है जो हर कहीं प्रचलित है। तो आप भी चाहें, तो मुझे इसी नाम से पुकार सकते हैं। गिरिपल्लवी!

गिरिपल्लवी : जी माई!

महा माई : अब तुम अपनी बात पूरी कर सकती हो।
(संगीत। चली जाती है)

गिरिपल्लवी : अब तो आप समझ ही गये कि हमारी माता शेतवी कौन हैं! वे देवी हैं, उस अन्तिम सत्य की, जिससे केवल आप और मैं ही नहीं, बल्कि देवता भी डरते हैं।

मैं गिरिपल्लवी हूँ—पूरी तरह से माई को समर्पित, उनकी सेविका। संजीव माई का पुत्र है—गोद लिया हुआ। उसके माता-पिता ने इस संसार से विदा लेते वक्त अपने इस अनाथ पुत्र को माई को सौंप दिया और विनती की थी, "इसे सुख, समृद्धि, उज्ज्वल भविष्य और लम्बी आयु देना माता!" माई को दया आ गयी। उन्होंने कहा, "मैं इस बच्चे को एक नामी चिकित्सक बनाऊँगी।"

तब से माई एक क्षण के लिए भी संजीव को अपनी आँखों से ओझल नहीं होने देती। हम तीनों ने ही मिल कर उसे पाला है। माई की कृपा से बीस सालों की उम्र बीस महीनों में और बीस महीनों की उम्र बीस हफ़्तों में फलाँगता हुआ आज वह हट्टा-कट्टा जवान हो गया है। हर आँख को भाए, ऐसा सुदर्शन।

हर रिवाज, हर कायदे को भलीभाँति निभाने वाला, पूरी तरह से माई का आज्ञाकारी वह लड़का, आज एक नामी चिकित्सक है। इतनी कम उम्र में ही उसने इतना यश पा लिया है कि आज वह दुनिया के हर कोने में जाना जाता है। इस मृत्युलोक में कोई ऐसा मरीज़ नहीं है, जो संजीव के हाथ लगाते ही स्वस्थ न हो जाए। बस एक बार उसके नब्ज़ टटोलने की देर है कि भयानक बीमारी के जबड़े से भी मरीज़ सही-सलामत लौट आता है।

पता है क्यों? माई का वरदान जो हासिल है उसे! वे जो हर समय उपस्थित रह कर उसकी मदद करती हैं। वो देखिए! वह है उसका दवाख़ाना, जहाँ वो तीन मरीज़ उसकी प्रतीक्षा कर रहे हैं। वो औरत अपने बेटे को ले कर आयी है। उसका इस बेटे के अलावा दुनिया में और कोई नहीं है। तो स्वाभाविक ही है कि वह संजीव के पास बड़ी आस लेकर आयी है।

वह दूसरा आदमी मारा है। वह मुर्दे फूँकने का काम करता है और श्मशान में ही रहता है। उसके बारे में मशहूर है कि वह मरे हुओं से बतियाता है। ज़िन्दा लोगों को तो उसकी याद तभी आती है, जब घर में लाश हो। वरना कोई पहचानता तक नहीं है उसे। आप भी उसे भूल ही जाएँ तो बेहतर।

और यह तीसरा जो चला आ रहा है, वह राजदरबार का विदूषक है—एक धूर्त बूढ़ा, जिसका अपना कोई नाम ही नहीं है। मौत के डर से यह हर वक़्त अपना नाम और वेष बदलता रहता है। कोई नहीं जानता, वो कब किस क्षण किस वेष में प्रकट हो जाएगा। अपनी सुविधा के लिए हम इसे मदन कहेंगे।

तो अब शुरू करते हैं यह नाट्य।

(संजीव का दवाख़ाना। 12-13 साल के बच्चे को गोद में लिए बैठी एक परेशान औरत। अपना पेट पकड़े बैठा मारा। मदन अपनी छाती दबाए प्रवेश करता है। मारा उसे देखते ही हँसने लगता है)

मारा : तुम वही नट हो ना, दरबारी विदूषक?

मदन : हाँ, तो? मैं छाती के दर्द से मरा जा रहा हूँ और तुम्हें हँसी आ रही है!

मारा : मैं भी पेट के दर्द से परेशान हूँ, पर तुम्हें देखते ही हँसी आ गयी। तुम्हें याद है उस शिवरात्रि को जब तुम शिव के वेश में नाच रहे थे, तो सब के सब शिव को छोड़ कर तुम्हारे ही पाँवों पर गिर पड़े थे। असल और नक़ल में कोई भेद ही नहीं कर पाया। उस क़िस्से को याद करके मुझे आज भी हँसी आ जाती है।

मदन : उस क़िस्से को दस साल हो गये। तुम क्या तब से अब तक हँस ही रहे हो?

मारा : तुमने कमाल ही ऐसा किया। शिव की भी खिल्ली उड़ा कर रख दी। अब मुझको तो विश्वास ही नहीं होता कि सचमुच तुम्हारी छाती में दर्द है। कौन कह सकता है कि ये भी तुम्हारा एक नाटक ही नहीं?

मदन : यार, मेरी छाती में दर्द, बहुत ही भयानक दर्द। मेरा दिल ख़ाली कनस्तर-सा बज रहा है। तुम्हें कैसे विश्वास दिलाऊँ?

मारा : लो, वैद्य जी आ रहे हैं। कम से कम उनसे सच बता देना।
(संजीव का प्रवेश)

मदन : चिकित्सक महाशय! जल्दी कीजिए। मेरे अन्दर मौत चीख़ रही है। आपने क्षण भर भी देर की, तो पछताएँगे।

औरत : मेरे इस लल्ला को बचा लो वैद्यजी। मेरा इकलौता है।

संजीव : *(बच्चे की तरफ़ जाते हुए)* ये कब से इस तरह अकड़ा हुआ है?

औरत : दो घंटा हुई गये। लोग कहत हैं—तुम याकी नाड़ी छू दोगे तो ये जी जाएगा। लो देखो
(बच्चे का हाथ उठाती है)
(संजीव इधर-उधर देखता है, जैसे किसी को तलाश रहा हो)

मारा : धूप में भटक रहा था क्या?

औरत : ढोरन को लेके गया रहा। साथ के लड़कन कहत रहे, माई की गुफा तक गया रहा। आते ही पड़ गया।
(संजीव चौंक कर औरत को देखता है)

मारा : वहाँ क्यों गया था? तुम्हें तो मालूम है, जो वहाँ जाता है, वापस नहीं आता। अरे! वो-वो आ गयीं। *(अचानक मारा उठ कर खड़ा हो जाता है, जैसे सामने किसी दैवी उपस्थिति को देख रहा हो। संजीव हैरान है कि मारा भी उसे देख पा रहा है। उन दोनों के अलावा माई किसी और को नज़र नहीं आ रही। पर मदन उन दोनों के चेहरे पढ़ ले रहा है। माई मुस्कुराती हुई जा कर मारा के पास खड़ी हो जाती है। संजीव मारा की नब्ज़ पकड़ता है)*

संजीव : *(मारा से)* मैं तुम्हारा इलाज करूँगा। तुम ठीक हो जाओगे। *(अब माई मदन की तरफ़ बढ़ती है। संजीव मदन के पास जा कर उसकी नब्ज़ टटोलता है)* मैं तुम्हें औषधि दूँगा। तुम ठीक हो जाओगे। *(संजीव बालक की ओर बढ़ता है, पर माई मुड़ कर चल देती है। संजीव उदास हो जाता है)* *(औरत से)* तुमने बहुत देर कर दी अम्मा।

मारा : *(स्वगत)* मुझ बूढ़े को जीवन देने से क्या फायदा? इस बच्चे को जीना चाहिए था।

औरत : कैसन भी करके, याय बचाय लो।

मारा : जा, अम्मा जा। अब कुछ नहीं हो सकता।

मदन : हाँ, लेकिन तुम कैसे यह कह रहे हो? यह बात तो चिकित्सक महाशय को कहनी चाहिए।

(बच्चा मर जाता है। औरत दहाड़ मार कर रोती है)

मारा : अच्छा है, रो ले। जी भर के रो ले। तब तक मैं इसको गाड़ने का इन्तज़ाम करता हूँ *(बच्चे को उठा लेता है)* एक बच्चे को दफ़नाने से ज़्यादा भयानक और कुछ नहीं होता। अच्छा होता, अगर माई इसे बख़्श देती। *(जाने लगता है)*

संजीव : अपनी दवा तो लेते जाओ।

मारा : पहले बच्चे को दफ़नाने का इन्तज़ाम कर लूँ। अपने लिए तो अब खुद ही कोई जड़ी उबाल लूँगा। *(चला जाता है। रोती हुई औरत उसके पीछे जाती है। संजीव उद्विग्न हो उठता है। मदन यह सब देख रहा है)*

मदन : मुझे मालूम था महाशय, कि आप मेरी नब्ज़ छुएँगे और मैं एकदम चंगा हो जाऊँगा। भगवान की सौगन्ध, मेरा दिल एकदम हल्का हो गया है। और मेरी इच्छा गाना गाने की हो रही है।

संजीव : *(अचकचा कर)* उसके लिए ये अवसर नहीं है। अपनी दवा लो और चलो यहाँ से। *(बेमन से एक जड़ी कूटने लगता है)*

मदन : मैं सच कह रहा हूँ चिकित्सक महाशय। मैं इतना खुश हूँ कि मुझे नाचने की भी इच्छा हो रही है। अगर आप इजाजत दें तो मैं...

संजीव : ऐसा क्या हो गया जो तुम इतने खुश हो रहे हो।

मदन : मेरे दिल से मौत का शोर जाता रहा। अब मैं जिऊँगा। ज़िन्दगी फिर मेरी रगों में दौड़ रही है।

संजीव : अजब बुड्ढे हो तुम भी!

मदन : बुड्ढ़ा! हाँ, छाती में उस दर्द की वजह से मैं थोड़ा थक गया था; पर मैं उतना बूढ़ा भी नहीं हूँ।

संजीव : क्या उम्र होगी तुम्हारी?

मदन : आप मेरी उम्र पूछ रहे हैं? यह शरीर तो शायद सत्तर या अस्सी का होगा, पर अपना वज़न वो खुद उठाता है। हाँ, इतना ज़रूर है कि सुबह जब सो कर उठता हूँ, तो सुन्दरियों

के सपनों से यह कुछ भारी हुआ रहता है। इस पर मैंने एक गीत लिखा है। सुनाऊँ आपको?

संजीव : अजब बेढब आदमी हो। यह अपनी दवा पकड़ो और जाओ यहाँ से।

मदन : (*धीरे से*) अगर आपके पास कोई ऐसी दवा हो, जो मुझे थोड़ा जवान कर दे तो वो भी दे दीजिए। आज कल एक नयी लड़की है मेरी नज़र में।

संजीव : सच में?

मदन : जी हाँ सच कह रहा हूँ। मुझे लगा छाती का यह दर्द लिए निराश, बिस्तर में पड़े रहने से तो बेहतर है कि कोई नयी औरत ढूँढ़ी जाए। और वो मुझे मिल भी गयी। लेकिन मैंने उसे तब तक के लिए बचा कर रखा है, जब तक आप मुझे पूरी तरह स्वस्थ और जवान न कर दें।

संजीव : ऐसी दवा मैं तुम्हें दे सकता हूँ। पर उसमें थोड़ा वक़्त लगेगा। तुम फिर कभी आ जाना।

मदन : आप तो मुझे निराश कर रहे हैं। आप नहीं जानते अगर मैंने और देर की, तो मैं उसे हमेशा के लिए खो दूँगा। औरत को इन्तज़ार तो करवाना चाहिए, पर एक हद तक ही।

संजीव : (*स्वगत*) बुड्ढा छँटा हुआ बदमाश है।

मदन : मैं जानता हूँ आप मेरे बारे में क्या सोच रहे हैं। लेकिन ये आपको शोभा नहीं देता। ख़ानदानी युवक अपने पिता के दोस्त से ऐसा व्यवहार नहीं करते।

संजीव : पिता के दोस्त? क्या कह रहे हो तुम?

मदन : जी हाँ। आपके पिता कीर्तिशिव को मैं अच्छी तरह जानता था। वो और मैं दोस्त थे। मैं बता नहीं सकता, आपकी यह तरक़्क़ी देखकर मुझे कितना अच्छा लग रहा है।

संजीव : पर आप हैं कौन?

मदन : विदूषक। दरबारी विदूषक।

संजीव : ठीक है, मैं आपकी दवाई बनाता हूँ। लेकिन आपको कुछ देर बैठना पड़ेगा।

मदन : हाँ, हाँ, ज़रूर। समय का मुझे कोई अभाव नहीं है। अच्छा है, जब तक आप दवा बनाएँगे, हम लोग थोड़ी गपशप भी कर लेंगे।

संजीव : माफ़ करें, मुझे गपशप की आदत नहीं है।

मदन : ऐसा नहीं हो सकता। इस संसार के बारे में मेरी समझ इतनी ग़लत नहीं हो सकती। (*संजीव कोई जवाब नहीं देता*) तो हम किस से शुरुआत करें? जो विषय आपको सुहाता हो हम उसी पर बात कर सकते हैं। औरतों के बारे में मेरी दिलचस्पी तो आप जान ही चुके हैं, कहें तो उन्हीं से शुरुआत की जाए।

संजीव : उनमें मेरी कोई दिलचस्पी नहीं है।

मदन : तो छोड़िए, कोई और विषय सही।

संजीव : क्या गप करना आपके लिए इतना ज़रूरी है?

मदन : कमज़ोरी। ये मेरी कमज़ोरी है। सभी की होती है। फ़र्क यह है कि मैं इसे स्वीकार किये ले रहा हूँ...(*संजीव कोई उत्तर नहीं देता*) हाँ तो बताइए?

संजीव : क्या?

मदन : किससे शुरुआत करें?

संजीव : ओफ़्फ़ो! तो आप नहीं मानेंगे? अच्छा चलिए, भगवान के बारे में कुछ कहिए।

मदन : वाह! क्या सही विषय चुना है आपने। जब आप मेरी नब्ज़ टटोल रहे थे, तो ऐसा लगा, जैसे मारा और आप आँखों ही आँखों में किसी अदृश्य से बात कर रहे थे। अगर मैं ग़लत नहीं हूँ, तो कोई देवी ही रही होगी। कौन थी वो?

संजीव : (*थोड़ा गड़बड़ा जाता है*) ये सवाल तो आपको मारा से पूछना होगा।

मदन : ऐसा? तो चलिए, आपसे दूसरा प्रश्न करता हूँ। ऐसा माना जाता है कि आप किसी को दवा दे दें, तो वह अवश्य ही ठीक हो जाता है। उस बच्चे में तब तक भी कुछ जान तो बाकी थी ही। पर आपने न तो उसकी नाड़ी को हाथ लगाया, और न ही उसे दवा देने में कोई तत्परता दिखायी।

संजीव : कोई लाभ नहीं था। बहुत देर हो चुकी थी।

मदन : ओह! और वो बूढ़ा मारा, वो बिना दवा लिए ही चला गया। माई ने आशीर्वाद तो दे ही दिया है, ऐसा ही कुछ बड़बड़ाता हुआ।

संजीव : (*उद्विग्न होकर*) इस सवाल का जवाब भी मारा ही दे पाएगा।

मदन : अरे! लगता है आपको मेरे ये सवाल अच्छे नहीं लगे। ये भगवानों के लफड़े होते ही ऐसे हैं। इनमें पड़ना ही नहीं चाहिए। चलिए कोई और बात करते हैं।

संजीव : आपने कहा था, आप मेरे माता-पिता को जानते थे। मुझे कुछ बताइए न उनके बारे में।

मदन : ओह, तुम्हारे पिता—कीर्तिशिव! बड़े भले आदमी थे। लेकिन मृत्यु ने उन्हें बहुत ही आसानी से धर लिया। पता है क्यों? क्योंकि हर नाटक में वे ही नायक होते थे। पर मैं, हर दिन एक नये पात्र का अभिनय करता था—सो अभी तक बचा हूँ। अगर आज तुम्हारे पिता जीवित होते, तो मेरी ही तरह होते। बल्कि मुझसे भी बेहतर। क्योंकि उन्होंने जीवन भर सिर्फ़ तुम्हारी माँ को ही प्यार किया। और मैं, मैंने अब तक जितने पात्रों का अभिनय किया है, उतनी ही औरतों का साथ भी किया है। आठ के साथ तो मैंने बाक़ायदा शादी की। लेकिन आठों की आठों भगवान को प्यारी हो चुकीं।

संजीव : आप तो अपनी गाथा कह रहे हैं। मैंने आपसे अपने माता-पिता के बारे में पूछा था।

मदन : हाँ, हाँ, मैं उनके बारे में सब कुछ बताऊँगा। बस एक बार यक़ीन हो जाए कि आप यह जो दवा बना रहे हैं, वो काम कर रही है।

संजीव : (*थोड़ा परेशान होकर*) तो क्या आपको कोई शक है? दवा काम न करे, ऐसा भी हो सकता है?

मदन : अगर चिकित्सक निःशंक हो, तो मरीज़ को भी शंका नहीं होती।

संजीव : मुझे कोई शंका नहीं है। मैं जानता हूँ यह दवा अवश्य काम करेगी।

मदन : तो फिर आप अब तक राजमहल क्यों नहीं आये। कितने बुलावे भेजे गये आपको।

संजीव : राजमहल? लेकिन मुझे तो वहाँ का कोई बुलावा नहीं मिला। और मुझे वहाँ क्यों जाना है?

मदन : राजकुमारी किसी भयानक रोग से पीड़ित हैं। और राज्य के सभी लोगों को विश्वास है कि उन्हें आप ही ठीक कर सकते

हैं। क्या आप कृपा करके मेरे साथ उन्हें देखने के लिए चलेंगे?

संजीव : आपने पहले क्यों नहीं कहा? मैं अभी चलता हूँ (*जाने के लिए तत्पर होता है कि गिरिपल्लवी प्रवेश करती है*)

गिरिपल्लवी : संजीव! बेटा तुम्हारी माँ तुम्हें बुला रही है।

संजीव : (*एक क्षण के मौन के बाद*) मैं बस अभी आया।

(*दोनों अन्दर जाते हैं। गिरिपल्लवी तुरन्त वापस आ कर*)

गिरिपल्लवी : चिकित्सक महोदय ने कहलवाया है कि वे नहीं चल पाएँगे। आप जा सकते हैं।

दृश्य दो

(संजीव गुफा के द्वार पर ठिठका हैरानी से देख रहा है। मारा का प्रवेश।)

मारा : नमस्कार!

संजीव : तुम! तुम तो...

मारा : जी हाँ, मैं मारा हूँ। हाल ही में आपके दवाख़ाने आया था।

संजीव : हाँ, मुझे लगा। क्या यही है माई का टीला?

मारा : हाँ।

संजीव : कैसी डरावनी चट्टान है, और इसके नीचे यह गुफा! लगता है कोई भयानक जानवर अपना बड़ा-सा जबड़ा खोले सब कुछ निगलने को तैयार हो। क्या है इस गुफा के अन्दर, मारा?

मारा : कोई नहीं जानता कि इसके अन्दर क्या है। बहुत ही भयानक काला गड्ढा है ये। कोई भी इसके अन्दर नहीं गया। और जो गया, वो फिर बाहर नहीं निकला। यहाँ तक कि आवाज़ और रोशनी भी, जो अन्दर जाती है, तो फिर बाहर नहीं आती। कभी पास से गुज़रो, तो बदबू का इतना तीखा झोंका आता है कि बर्दाश्त नहीं होता। पूनम की रातों में इस गुफा में ऐसा उपद्रव होता है कि आप सोच भी नहीं सकते। एक भयानक आँधी यहाँ से उठती है और पूरे आकाश में छा जाती है। पेड़ अपनी जड़ें छोड़ देते हैं। और सारा जीव-जगत, चींटी से लेकर हाथी तक उस बवंडर से घिरे इस गुफा के मुँह में समा जाते हैं। ताज़ा दफ़नाई लाशें उठ कर इसकी तरफ़ दौड़ती हैं। एक बार ऐसा ही बवंडर उठा था, जब मुझे लगा बारिश हो रही है। देखा तो खून की बूँदें गिर रही थीं मुझ पर।

(संजीव को जैसे यकीन नहीं हो रहा हो)

मैं आपको वही बता रहा हूँ, जो मैंने ख़ुद अपनी आँखों से देखा है।

संजीव : हाँ, समझ सकता हूँ। तुम यहाँ इसके मुहाने पर रहते हो, इसीलिए तुमसे जानना चाहा। अच्छा एक बात बताओ मारा, उस दिन तुमने कहा, "मैं ख़ुद ही अपने लिए कोई जड़ी उबाल लूँगा" और बिना मुझसे दवा लिए मेरे दवाख़ाने से चले गये। इसका क्या मतलब है? क्या माई का आशीर्वाद हो तो मेरी दवा की ज़रूरत नहीं होती?

मारा : यह आप क्या कह रहे हैं? आप एक महान वैद्य हैं और वैद्यों की सबसे बड़ी देवी माई ही होतो हैं। क्या आप भी उनका आशीर्वाद पाने के लिए इन्तज़ार नहीं कर रहे थे?

संजीव : तो क्या इसका मतलब हुआ कि जिसे माई का आशीर्वाद प्राप्त है, उसे मैं ग़लत दवा दे दूँ, तो भी वो ठीक हो जाएगा?

मारा : (*हँस कर*) आप ग़लत दवा दे ही नहीं सकते।

संजीव : क्यों? क्यों नहीं दे सकता?

मारा : क्योंकि आप माई के बेटे हैं। (*मारा चला जाता है*)

संजीव : ठहरो। जाओ मत। सुनो मारा...चला गया। किससे, किससे जानूँ मैं यह रहस्य? इस गुफा का? इस सर्वग्राही अन्ध गह्वर का? सर्वव्यापी उस महा माई का? अपनी माता का?
(*तभी गुफा से एक आवाज़ उठती है*)

आवाज : श...आशीर्वाद दो उसे।
श...दुल्हन का श्रृंगार दो उसे।
आशीर्वाद दो उस स्वर्णिम आभा वाली को।
आशीर्वाद दो उस अनमोल रत्न को।
आशीर्वाद दो उस सुन्दर राजकुँवरि को।
(*संजीव यह सुन रहा है, तभी एक बूढ़ी औरत को गुफा से बाहर आते देखता है*)

संजीव : अरे, उस गुफा से वह बुढ़िया बाहर आयी। अम्मा! क्या तुम उस गुफा से बाहर आयीं?

बूढ़ी औरत : हाँ। क्यों, तुमने देखा नहीं?

संजीव : पर लोग तो कहते हैं, जो उसके भीतर जाता है, वो फिर कभी बाहर नहीं आता।

बुढ़िया : ठीक ही कहते हैं।

संजीव : तो तुम कैसे आ गयीं?

बुढ़िया : अरे, मैं बूढ़ी खूसट मुझसे तो मौत भी दूर भागती है। लेकिन तुम्हारे जैसे को अन्दर नहीं जाना चाहिए।

संजीव : वहाँ क्या है अम्मा?

बुढ़िया : कोई नहीं जानता। सब बस कयास करते हैं कि अन्दर क्या होगा। कहते हैं यह एक अनबूझ पहेली है। पर ये सब मेरी समझ से परे है। तुम तो शेतवी माता के बेटे हो ना?

संजीव : हाँ।

बुढ़िया : तुम यहाँ क्यों आये?

संजीव : मैं कुछ जानना चाह रहा था। तुम अन्दर क्यों गयी थीं?

बुढ़िया : उसे ढूँढ़ने, जो तुम खोने वाले हो।

संजीव : लेकिन मैंने तो अभी कुछ नहीं खोया।

बुढ़िया : बाद में जानोगे। और जब जानोगे कि तुमने उसे खो दिया है, तो जिसे पाओगे नहीं, उसे ही ढूँढ़ रही थी मैं।...लो, वो दुल्हन आ गयी। ध्यान रहे, इस खेल में तुम केवल अपनी पारी ही खेलोगे, कहीं उसकी भी खेलने लग जाओ....*(बुढ़िया का प्रस्थान। संजीव असमंजस में। राजकुमारी तेज़ी से प्रवेश करती है, जैसे कि वो गुफा उसे अपनी ओर खींच रही हो। संजीव उसके पीछे भागता है।)*

संजीव : ऐ, रुको। अन्दर मत जाना। रुक जाओ। मैं कह रहा हूँ रुक जाओ। *(राजकुमारी उसकी ओर ध्यान दिये बिना गुफा की ओर बढ़ती जाती है। संजीव उसका रास्ता रोकने के लिए उसके सामने आ कर खड़ा हो जाता है।)* क्या हुआ है तुम्हें? तुमने सुना नहीं—मैंने कहा अन्दर मत जाओ?

राजकुमारी : क्यों? क्यों नहीं जाऊँ?

संजीव : वो ख़तरनाक जगह है। जो भी अन्दर जाता है, फिर बाहर नहीं लौटता। मुझे अभी इसका पता चला। और तुम्हें इतनी जल्दी है अन्दर जाने की।

राजकुमारी : इसीलिए तो जा रही हूँ कि फिर कभी न लौटूँ।

संजीव : क्या मतलब?

राजकुमारी : मरने, यानी कि अपनी जान देने।

संजीव : जान क्यों देना चाहती हो? क्या परेशानी है?

राजकुमारी : क्यों देना चाहती हूँ? आपको दिखता नहीं है मेरा चेहरा पीला पड़ गया है, मेरे होंठ सूख गये हैं, मेरी आँखों की ज्योति बुझ गयी है। मैं हड्डियों का ढाँचा दिखती हूँ। क्या इतना काफ़ी नहीं है? मुझे सैकड़ों बीमारियाँ हैं श्रीमान्। पिछले पन्द्रह दिनों से मुझे जान लेवा बुखार है। मैं तंग आ गयी हूँ, इसलिए मरना चाहती हूँ। अब तो आपको मेरे मरने पर एतराज़ नहीं होगा, क्यों?

(वो भीतर जाना चाहती हैं। उसे रोकने की कोशिश में संजीव उसकी कलाई पकड़ लेता है, तो उसके हाथ में राजकुमारी की नब्ज़ आ जाती है। राजकुमारी हाथ नहीं छुड़ाती। उनमें फिर बातचीत शुरू हो जाती है। पर संजीव का ध्यान उसकी नाड़ी पर केन्द्रित है।)

संजीव : तुम्हारे घर वालों को कोई चिकित्सक नहीं मिला, तुम्हारे इलाज के लिए?

राजकुमारी : कोई संजीव नाम का वैद्य है। उन्होंने उसे कई सन्देश भेजे, पर वो नहीं आया। जीना शायद मेरे भाग्य में है ही नहीं। उसे अपने महान् चिकित्सक होने का बहुत घमंड होगा। दूसरे जो चिकित्सक आये, उनके पल्ले मेरी बीमारी पड़ी ही नहीं।

संजीव : तुम्हारे घर वालों को तुम्हारे यहाँ आने का पता है?

राजकुमारी : उन्हें पता होता तो क्या वो मुझे मरने देते? अगर माँ ज़िन्दा होती तो और बात थी, लेकिन पिता और नौकर-चाकर रोना-धोना करते...मैं वो सब कुछ नहीं चाहती थी। मैंने मरने की ठानी, इसीलिए यहाँ चली आयी।

संजीव : वाह! बहुत खूब, बहुत खूब।

राजकुमारी : मैं जानती थी तुम समझोगे। लेकिन मैं तुम्हारी वाहवाही लूटने के लिए नहीं मर रही।

संजीव : तो फिर किसलिए मर रही हो?

राजकुमारी : ओह! अब कितनी बार बताऊँ? मैं मरना चाहती हूँ क्योंकि मेरा सारा शरीर टूटता है और कोई दवाई असर नहीं कर रही। ज़िन्दगी से तंग आ चुका कोई भी व्यक्ति क्या जीना चाहेगा?

संजीव : क्या मैं तुम्हारी कोई मदद कर सकता हूँ?

राजकुमारी : मुझे किसी की मदद नहीं चाहिए। मैं क्षत्रिय ख़ानदान में जन्मी राजकुमारी हूँ। अकेले मर सकती हूँ।

संजीव : तुम्हीं हो राजकुमारी?

राजकुमारी : हाँ। अब क्या आप मुझे मरने देंगे श्रीमान्?

संजीव : मुझे अपनी जीभ देखने दो।

(राजकुमारी जीभ निकालती है। आ...आ...आ...)

राजकुमारी : क्या तुम चिकित्सक हो?

संजीव : हाँ, अपनी आँखें थोड़ी और खोलो।

राजकुमारी : ये लो। अब ठीक है? तुम्हारे जैसे सैकड़ों चिकित्सक देखे हैं मैंने। अब मुझमें गुफा तक चल कर जाने की शक्ति भी नहीं बची। अगर दे सकते हो, तो कोई ऐसी दवा दो जिससे मैं यहीं मर जाऊँ।

संजीव : फाँसी के बारे में क्या ख़याल है?

राजकुमारी : कुछ भी, श्रीमान् कुछ भी। लेकिन जल्दी।

संजीव : तुम यहीं ठहरो, मैं अभी आया।

(जाता है। बुढ़िया अचानक प्रकट होती है)

बुढ़िया : बहुत दूर नहीं है। बस ज़रा-सा प्रयत्न। एक बार अन्दर पहुँच गयी तो फिर न कोई तकलीफ़, न कोई डर। सब कुछ से छुटकारा पा लोगी।

राजकुमारी : हाँ, लेकिन अब मैं और नहीं चल सकती। देखो, मेरे पैर काँटों ने कैसे छील दिये। कितना खून बह रहा है! मेरे शरीर का सारा खून इसी तरह बह जाए और मैं धीरे-धीरे मौत के आग़ोश में चली जाऊँ। डरती मैं बिल्कुल नहीं।

बुढ़िया : तुम सचमुच बहादुर योद्धा की तरह बात करती हो।

(संजीव प्रवेश करता है)

संजीव : तुम्हारी फाँसी का इन्तज़ाम हो गया है, राजकुमारी! तुम्हारे लिए ये फंदा मैंने ढूँढ़ लिया है। *(उसके हाथ में संजीवनी लता है)*

बुढ़िया : नहीं राजकुमारी, इसे अपने गले में मत बाँधने देना।

संजीव : *(बाँधते हुए)* ये लता ही तुम्हारी फाँसी का फंदा है, जिसे मैं तुम्हारे गले में डाल रहा हूँ। ये तुम्हें अपने पाश में कस लेगा। बिल्कुल एक कामोन्मत्त राजकुमार की तरह। और तब तक नहीं छोड़ेगा, जब तक तुम्हारा दम ही न घुट जाए। अब तो खुश हो?

बुढ़िया : संजीव! तुम्हारी माँ बहुत गुस्से में है। और चाहती है तुम तुरन्त घर लौटो।

संजीव : ठीक है, मैं आ रहा हूँ।

राजकुमारी : (*ख़ुशी से*) क्या तुम्हीं हो वो चिकित्सक संजीव?

संजीव : हाँ।

राजकुमारी : तुमने पहले क्यों नहीं बताया?

संजीव : तुमने पूछा ही कब?

बुढ़िया : बेटे, मैं तुम्हें कैसे समझाऊँ? बहुत पछताओगे। समझ रहे हो?

राजकुमारी : (*ख़ुशी के अतिरेक से*) तुम्हारा औषधियों का ज्ञान इस लायक है कि मुझे बचा सके?

संजीव : हाँ, इतना भर तो है ही।

राजकुमारी : क्या मैं सच में जी जाऊँगी चिकित्सक?

संजीव : हाँ, अगर मेरी बात मानोगी तो।

राजकुमारी : तुम्हें कैसे लगता है कि मैं जी जाऊँगी?

संजीव : क्योंकि मैं एक चिकित्सक हूँ।

राजकुमारी : और मुझे क्यों लगता था कि मैं नहीं जीऊँगी?

संजीव : क्योंकि तुम एक मूर्ख मरीज हो।

राजकुमारी : (*नाराज़गी से*) अगर तुमने मुझे फिर मूर्ख कहा, तो मालूम है मैं क्या करूँगी?

संजीव : एक और मूर्खता।

राजकुमारी : ओह! तुमने तो सच में खुश कर दिया मुझे।

संजीव : लोगों को तो चिकित्सक को देखकर यमराज याद आ जाते हैं।

राजकुमारी : हाँ, मुझे भी आते थे, दूसरे चिकित्सकों को देखकर।

संजीव : अच्छा, ये जड़ी चबा लो। और इन पत्तियों को अपनी हथेलियों में मसल कर अपने गले, गालों और हाथों पर मल लो।

राजकुमारी : हाँ। (*वैसा ही करती है*)

संजीव : अब क्या तुम्हारी शान में मैं एक गुस्ताख़ी कर सकता हूँ राजकुमारी?

राजकुमारी : तुमसे बात करना मुझे अच्छा लग रहा है। कहो ना, क्या कहना चाहते हो?

संजीव : तुम बहुत सुन्दर हो। ऐसा सौन्दर्य मैंने पहले कभी नहीं देखा।

बुढ़िया : संजीव, मैं जा रही हूँ। तुम जी भर कर अपनी विपदाओं को निमन्त्रण दो। (*चली जाती है*)

राजकुमारी : तुम देख नहीं रहे, बीमारी ने मुझे कैसा खोखला कर दिया है? मेरे दमकते गालों पर झुर्रियाँ पड़ गयी हैं और मेरी भौंहें भी असमय सफ़ेद हो गयी हैं। मैं अब एक बूढ़ी बंदरिया लगती हूँ। और तुम कह रहे हो कि मैं सुन्दर हूँ। तुम मेरा मज़ाक़ तो नहीं उड़ा रहे? बताओ? लेकिन मुझे लगता है, अगर तुम मेरे साथ रहो तो मैं ज़रूर ठीक हो जाऊँगी। पर डरती हूँ, तुम चले जाओगे।

संजीव : जब तक तुम ठीक नहीं हो जातीं, मैं तुम्हें नहीं छोड़ूँगा। (*उसका पसीना पोंछता है*) तुम्हारे चेहरे की रंगत भी लौट रही है। देखो, शायद बुखार भी उतर गया होगा।

राजकुमारी : (*महसूस करती है। ख़ुशी से*) हाँ, अब मुझे बुख़ार बिल्कुल नहीं है। क्या तुम सचमुच मनुष्य ही हो?

संजीव : क्यों? क्या मैं तुम्हें राक्षस नज़र आता हूँ?

राजकुमारी : नहीं, मुझे लगता है तुम कोई देवता हो।

संजीव : नहीं, देवता नहीं, एक साधारण मनुष्य हूँ मैं। इसलिए तुम मुझसे वैसे ही बात कर सकती हो, जैसे कर रही थीं। क्योंकि मात्र मनुष्य हूँ, इसलिए तो माँ ने कहा कि मुझे इसका परिणाम भुगतान होगा।

राजकुमारी : कैसे? क्या भुगतना होगा?

संजीव : वही सब, जो इस दुनिया में किसी भी औरत और मर्द को भुगतना होता है। ख़ुशी, ग़म, शर्म, ऊब, पश्चात्ताप...सभी कुछ।

राजकुमारी : लेकिन यह सब महसूस करना कितना अच्छा लगता है ना? देखो, पलक झपकते ही ये दुनिया कितनी सुन्दर हो गयी। मैं इतनी खुश हूँ कि नाचना चाहती हूँ। (*नाचने लगती है*)

दृश्य तीन

संजीव : रात इतनी बीत चुकी है कि कोई भी तो नहीं जाग रहा। मुझे लगा था कि तुम भी सो चुकी होगी माँ।

माई : मेरे मन का चैन जाता रहा। सोने के लिए जो शान्ति चाहिए, वो नहीं रही। तुम भी नहीं सो पाये?

संजीव : माँ, अभी सपने में मैंने एक मृगछौने की लाश देखी। उसकी कोमल त्वचा पर सुनहरे धब्बे थे। उसकी पथराई आँखें आसमान तक रही थीं। जो तीर उसे लगा था, वो उसकी नाभि को छेद गया था। उसके नीचे ज़मीन खून से लथी थी। शिकारी की क्रूरता अक्षम्य है माँ।

माई : सुन कर मुझे भी दुख हुआ बेटा।

संजीव : मैंने बिना तुम्हारी अनुमति लिए राजकुमारी का इलाज किया, क्या इसीलिए तुम मुझसे नाराज़ हो माँ?

माई : जब तुम छोटे थे, तुम्हें मेरी अनुमति चाहिए होती थी। अब तुम बड़े हो गये हो। माँ को नीचा दिखा सकते हो, उसकी आज्ञा टाल सकते हो। अपनी सफलता के मद में चूर अब तुम्हें माँ की कहाँ ज़रूरत है?

संजीव : तुम्हारी ये व्यंग्य भरी बातें मुझे उस मृगछौने की तरह ही चीर रही हैं, माँ। मुझे तुमसे ज्यादा प्रिय और कौन है माँ! उस गुफा की तरफ़ खिंची चली जाती राजकुमारी को रोकने के लिए जब मैंने अपना हाथ बढ़ाया, तो उसकी कलाई मेरे हाथ में आ गयी, और उसी के साथ उसकी नाड़ी भी। और मुझे यकायक उसकी बीमारी समझ में आ गयी। बिल्कुल वैसे ही, जैसे किसी कवि को अपनी कविता सूझ जाती है। मैं स्वीकार करता हूँ, माँ—उस क्षण मुझे एक अजीब रोमांच और गर्व का

अहसास हुआ। तुम्हारे आशीर्वाद की शक्ति अद्भुत है माँ।

माई : बेटा, तुम असत्य को सत्य के साथ मिला रहे हो। तुम कह रहे हो, ये सब अनायास हुआ। क्या उस बुढ़िया ने तुम्हें आगाह नहीं किया था? जवाब दो।

संजीव : इतनी नाराज़ मत होओ, माँ! जब भी तुम गुस्सा होती हो, मेरी इच्छा होती है कि मैं फिर से एक छोटा-सा आज्ञाकारी बच्चा बन जाऊँ? लेकिन अब जब बड़ा हो गया हूँ, तो फिर से बच्चा बनना नहीं चाहता।

माई : बेटा, तुमने मेरे सवाल का जवाब नहीं दिया। जिस झूठ में तुम लिपटे हो, उसकी परतें खोलो, और सत्य को स्वीकार करो। "मरीज़ माई के आशीर्वाद से ठीक होता है या तुम्हारी दवाई से," क्या तुम इस बात की परीक्षा करना नहीं चाह रहे थे? क्या तुम अपने भीतर यह महसूस नहीं करते कि माँ का आशीर्वाद तो केवल बहाना है, असली शक्ति तो तुम्हारी औषधि में है?

संजीव : तुम्हें तो मेरे मन की हर बात पहले पता रहती है माँ। तुमसे मैं कुछ भी कैसे छिपा सकता हूँ? अब मैं उस दोमुँहे पक्षी की तरह हूँ। मुझे क्षमा करना माँ। लेकिन मेरे ये दोनों मुँह विपरीत दिशाओं की ओर उन्मुख हैं। एक तुम्हें माँ कह कर पुकारता है, और दूसरा बैरी। तुम मेरा एक मुँह काट देना चाहती हो। लेकिन मेरा दुर्भाग्य यह है कि तुम जिस भी किसी मुख को काटोगी, तो दूसरा भी स्वतः गल जाएगा। मैं क्या करूँ माँ? बताओ मुझे।

माई : माँ और बैरी के बीच जिसे चुनाव करना है वो तुम हो, मैं नहीं। मैं तुम्हारे चिकित्सा विज्ञान के बारे में बस एक ही बात कहना चाहती हूँ। ये ठीक है कि औषधि मदद करती है, लेकिन वह अन्तिम सत्य नहीं होती। पर तुम्हारा मानव अहंकार तुम्हें यह सच्चाई स्वीकार नहीं करने देता।

संजीव : इतनी गहराई से तो मैंने नहीं सोचा था, माँ। मेरा उद्देश्य तो केवल एक असमय मृत्यु को रोकना था। उसी से प्रेरित हो कर मैंने राजकुमारी को तुम्हारी सहमति के बिना ही दवा दे दी।

माई : तुम यह तय करने वाले कौन होते हो कि उसके लिए समय क्या है और असमय क्या? क्या तुम अपनी औषधि से उसके भाग्य का निर्धारण कर सकते हो?

संजीव : तो क्या मेरी औषधि–इस मानवीय कोशिश का कोई महत्त्व नहीं?

माई : सत्य बहुत गहरे पैठता है। तुम्हारा ज्ञान वो गहराइयाँ नहीं छू सकता, बेटे। केवल दुख के लिए दुख मनाना कमज़ोरी है। जब सभी कुछ मरणशील है, तो फिर राजकुमारी की मृत्यु पर ये बावेला क्यों? इस संसार में मृत्यु एक स्वाभाविक स्थिति है। जब मनुष्य स्वयं मरणशील है, तो उसका प्यार क्यों नहीं? प्यार भी शरीर की ही तरह पैदा होता है और मर जाता है। एक नवयौवना की भावुकता भरी बातों में आ कर अपने पथ से यूँ भटकना नहीं चाहिए।

संजीव : हमारा यह झगड़ा राजकुमारी की मृत्यु का कारण नहीं बनना चाहिए। सिर्फ़ इस बार मेरी औषधि का मान रख लो, माँ। अगर राजकुमारी से कोई अपराध हुआ है, तो उसकी सज़ा मुझे दे दो।

माई : देख रही हूँ उसने तुम्हें काफ़ी साहसी बना दिया है। पहले किसी मामूली-सी बीमारी से निपटने के लिए भी तुम्हें माँ की मदद चाहिए होती थी। लेकिन अब, उससे मिलने के बाद, तुममें मुझसे लड़ने का भी साहस आ गया है। जान सकती हूँ वो तुम्हें ऐसा क्या दे देगी?

संजीव : मुझे क्या चाहिए माँ? ये हवा है, रोशनी है, बरखा है और हरियाली है। और मुझे जो चाहिए, वो सब देने के लिए तुम हो।

माई : यह सब तुम मेरा अहम् तुष्ट करने के लिए कह रहे हो। लेकिन अहम् मुझमें है ही नहीं बेटा। बिना मेरी आज्ञा राजकुमारी की चिकित्सा करके तुमने नियति को ललकारा है। पहले उसे वापस लो।

संजीव : राजकुमारी का जीवन तुम्हारे हाथ में है, और मेरा उसके। कितनी अजीब बात है। उसके नेत्रों से ज्योति मत छीनो माँ।

माई : ये वो क़िस्से हैं, जो प्यार से शुरू हो कर बिस्तर में ख़त्म होते

हैं। प्यार रोशनी नहीं, आग है बेटा—जो प्रकाश नहीं देता, जलाता है।

संजीव : मेरी कहानी तो अभी शुरू भी नहीं हुई माँ और तुम आलोचना करने लगीं। मुझसे मेरी खुशियाँ मत छीनो माँ।

माई : सिर्फ़ एक बार मिलने पर वो तुम्हारी सब कुछ हो गयी, और मैं, जिसने तुम्हें पाला-पोसा, कोई नहीं? समझो बेटा, तुम जवान हो और इस दुनिया में हज़ारों सुन्दरियाँ हैं। नियति के यों आड़े नहीं आते। जाओ और जा कर अपनी ग़लती सुधार कर आओ।

संजीव : क्या मतलब?

माई : परसों, अमावस्या के दिन, सूरज डूबने से पहले राजकुमारी के गले से वो संजीवनी बेल उतार दो।

संजीव : और अगर मैं ऐसा न करूँ तो?

माई : (*गुस्से से*) तुम क्यों ऐसी बेवक़ूफ़ी पर आमादा हो? अगर तुम ऐसा नहीं करोगे, तो वह एक साथ दो को ब्याहेगी—तुम्हें और मृत्यु को। मैं नहीं चाहती कि तुम्हें दुल्हन की पालकी को सीधे श्मशान जाते देखना पड़े।

दृश्य चार

(मंजरी और मदन अपने घर में)

मंजरी : सच-सच बताओ, कल रात सपने में तुम किस के साथ थे?

मदन : किसी के साथ नहीं। और अगर रहा भी होऊँगा, तो तेरे अलावा और कौन हो सकती है?

मंजरी : झूठ मत बोलो। मैंने तुम्हें नींद में बोलते हुए सुना था।

मदन : सुन भागवान! हमें आज के नाटक की तैयारी करनी है—'मार्कंडेय विजय' तू झटपट मार्कंडेय के संवाद रट ले। लम्बे आलाप के बाद एक छोटा गाना भी है।

मंजरी : पहले मेरी बात का जवाब दो। तुम उस खूसट मदरंगी के साथ नहीं थे?

मदन : यह मदरंगी कौन है?

मंजरी : अपने सपने में तुम उससे बाग में मिलने के लिए कह रहे थे। क्योंकि वहाँ कोई नहीं होगा।

मदन : वो तेरा सपना रहा होगा। ऐसे सपने औरतों को ही आते हैं।

मंजरी : मैं तुम्हारे सपने की बात कर रही हूँ। अगर वो मेरा सपना होता, तो मैंने तभी तुम्हें एक लात लगायी होती।

मदन : अच्छा तू मुझे अपने सपने में आने क्यों नहीं देती? बस एक बार। ताकि तू जान ले कि मैं कैसा आदमी हूँ।

मंजरी : वो तो तब हो, जब मैं सोऊँ। मेरी तो सारी रात ये ही देखते कट जाती है कि तुम अपने सपने में किससे लिपटे रहे हो। एक दिन बिना तुम्हें ख़बर किये मैं तुम्हारे सपने में घुस आऊँगी और तुम्हें रंगे हाथों पकड़ूँगी। ताकि उसके कान काट सकूँ और तुम्हारी नाक। सच में मैंने ये नहीं किया, तो मेरा नाम भी मंजरी नहीं। झूठे मक्कार कहीं के! तुम्हें तो भगवान का भी डर नहीं है।

मदन : और तू, तू क्या है? हमेशा ज़हर उगलने वाली झगड़ालू औरत, जो हाथ लगाते ही बिदकती है।

मंजरी : क्या कहा? मैं नहीं रहूँगी तुम्हारे साथ। मैं जा रही हूँ अपने मायके। (*जाने लगती है, लेकिन संजीव को देखकर वापस भीतर चली जाती है*)

मदन : ओह हो! चिकित्सक महोदय! आप कब आये?

संजीव : कुछ ही देर पहले। तुम्हारे करतब देखता खड़ा था। ये औरत...

मदन : ये-ये मेरा बायाँ है। यानी कि मेरा वामा—मेरी अर्धांगिनी।

संजीव : यानी कि मदरंगी!

मदन : मदरंगी? वो कौन है?

संजीव : तुमने यही तो नाम बताया था, जब तुम मुझसे दवाई लेने आए थे।

मदन : (*धीरे से*) आप उस बुढ़िया की बात कर रहे हैं? वो कहानी तो पुरानी हो गयी। तब मैं ऐसा जवान थोड़े ही था। उस समय तो वो बूढ़ी मदरंगी भी ग़नीमत लगती थी। आपने कृपा करके वो दवाई दी, तो अब मैं साँड़ हो गया हूँ—पूरा पाठा। उस बुढ़िया के साथ रह कर मैं आपकी औषधि की तौहीन थोड़े ही कर सकता था। इसलिए मैंने इससे शादी कर ली।

संजीव : ये तुम्हें मिली कहाँ?

मदन : एक नाटक में। द्रौपदी के चीर हरण का प्रसंग था। मैं दुःशासन की भूमिका कर रहा था। जब मैंने पूरे जोश में द्रौपदी की साड़ी खींचनी शुरू की और वो गा-गा कर कृष्ण से अपनी लाज बचाने की गुहार करने लगी, तो सारे दर्शक गुस्से से मुझ पर दाँत पीस रहे थे। बस एक यही थी, जो मुझे देखकर मंद-मंद मुस्कुरा रही थी। जब मैंने तौलती नज़रों से इसकी ओर देखा, तो इसने खुद ही मुझे आँख मार दी, और मेरी हो ली। अब जब ये रसभरी मेरे पास है, तो उस सूखे बेर मदरंगी को क्यों चूसूँ?

संजीव : लेकिन तुम तो इससे भी झगड़ रहे थे?

मदन : वो एक दूसरा ही क़िस्सा है। मैं इसे लाया, क्योंकि मदरंगी की बकझक से परेशान हो गया। पर ये तो उससे भी बदतर निकली। या तो मुझे उपदेश सुनाएगी, या कोसेगी। बाक़ी

समय गाली-गलौज और बकझक। हर वक़्त नज़र रखेगी। यहाँ तक कि मेरे सपनों की भी निगरानी रखती है। और कभी भूले से रात में अपनी सुहाग-शय्या का अगर थोड़ा भी सुख उठा लिया कि मज़ाल है कि सुबह होते तक उसके लिए पछताना न पड़े। ख़ैर छोड़िए ये सब। आप बताइए, कैसे आना हुआ?

संजीव : मैं तुमसे अपनी माँ का एक राज़ जानना चाहता हूँ। अभी तुरन्त!

मदन : कौन विश्वास करेगा कि एक बेटा, जो हर रोज़ अपनी माँ के साथ होता है, वो उसका सत्य नहीं जानता? आप तो श्रीमान्, एक विदूषक को भी हँसा सकते हैं।

संजीव : ये मज़ाक़ नहीं है। मैं सचमुच जानना चाहता हूँ। मैंने सुना है, अपने बहरूपिएपन से तुम मौत को भी छल लेते हो।

मदन : ये सच है कि मौत के डर से मैं हर रोज एक नया वेश, एक नया नाम धारण करता हूँ, ताकि मौत मुझे पहचान न सके। यह भी सच है कि लोग मेरे अभिनय से धोखा खा जाते हैं। लेकिन कोई और न भी जाने, पर मैं जानता हूँ कि यह केवल एक अन्धविश्वास है। क्योंकि अगर यह सम्भव होता, तो इस दुनिया में मृत्यु ही नहीं होती। फिर तो हर कोई हर दिन नया वेश धर लेता, नया नाम रख लेता और अमर हो जाता। लेकिन मैं तुमसे एक सवाल करता हूँ—अगर तुम उसका ईमानदारी से जवाब दोगे, तो शायद तुम्हें कोई राह मिल सके।

संजीव : पूछो।

मदन : क्या यह सच है कि तुम मृत्यु की देवी और अपनी माता शेतवी की आज्ञा के बिना किसी का इलाज नहीं कर सकते?

संजीव : हाँ। वे ही हमेशा अदृश्य रह कर मेरी मदद करती हैं। और यही मेरी सफलता का राज भी है। तुम्हारे साथ मैं राजकुमारी को देखने नहीं गया, क्योंकि माँ ने मना किया था। लेकिन आज जानते हो क्या हुआ? मैं माँ की टोह में माई के टीले पर गया था। वहाँ राजकुमारी भी आत्महत्या के इरादे से पहुँची। मैंने उसे रोकने के लिए पकड़ा, तो उसकी नब्ज़ मेरे हाथ में आ गयी और मेरे अन्दर का चिकित्सक जाग गया।

मदन : फिर?

संजीव : फिर मैं राजकुमारी की नब्ज़ देख रहा था, तो मेरी माँ रूप बदल कर वहाँ आ गयी। वे नहीं चाहती थीं कि मैं राजकुमारी का इलाज करूँ, लेकिन फिर भी मैंने राजकुमारी की चिकित्सा की, और अब माँ मुझसे नाराज़ हैं। वो चाहती हैं कि मैं कल सूर्यास्त से पहले राजकुमारी के गले से संजीवनी लता उतार लूँ। क्या राजकुमारी को बचाने का कोई रास्ता सुझा सकते हो तुम?

मदन : कहना पड़ेगा कि मेरी नजर में तुम्हारी इज्जत दुगुनी हो गयी, लेकिन तुम्हारी माँ कम चतुर नहीं है। अगर ये पता न हो कि वो कब, कहाँ और कैसे प्रकट हो जाएगी, तो उसे चकमा देना कठिन है। अब तक उसने करोड़ों जानें ली होंगी। पर क्या एक का भी इल्ज़ाम उसके सिर है? यहाँ तक कि जो अन्धकार उसकी मदद करता है, उसे भी उसने उस गुफा में छिपा रखा है। पर...

संजीव : पर उसने हमें उससे भी गहरे अन्धकार में रख छोड़ा है, रौशनी के भ्रम में। जब भी मैं उसके पास होता था, एक अजीब-सी दुर्गन्ध से मेरी नाक बन्द हो जाती थी और मेरा दम घुटने लगता था। मुझे लगता था, ये दुर्गन्ध दवाइयों और बीमारियों की है। पर अब समझ में आता है कि दरअसल वो मौत की गन्ध थी। जीवन कितना ही दुखों से भरा हुआ और निरर्थक हो, लेकिन मनुष्य अपना ये एकमात्र जीवन ऐसे ही सड़ने तो नहीं दे सकता?

मदन : सुनिए चिकित्सक महोदय, कौन नहीं जानता कि ये जीवन दुखों से भरा हुआ है। लेकिन हम इसकी चिन्ता में हाथ पर हाथ धरे बैठे तो नहीं रहते। हम लगातार अपने जीवन के लिए कोई अर्थ तलाशते हैं। वो क्या चीज़ है, जो मुझे लगातार नाटकों में अभिनय के लिए प्रेरित करती है? क्या यही विश्वास नहीं कि जीवन में कोई अर्थ जरूर है।

संजीव : हाँ, इस संसार में केवल एक मनुष्य ही है जिसके जीवन का कोई अर्थ है, क्योंकि वही उसे तलाशता भी है। और हमें अपने वश में रखने के लिए माई इसी बात का तो फायदा उठाती है। इसलिए, जो हमें चाहिए, वो अर्थ नहीं मुक्ति है।

माई से मुक्ति। मुक्ति ही जीवन को जीने लायक बनाती है। राजकुमारी का यह प्रेम, मेरे लिए मुक्ति का पहला पाठ है। चिकित्सक का अपना कार्य मैं स्वतन्त्र रूप से करना चाहता हूँ। मैं चाहता हूँ जो भी मरीज़ मेरे पास आये, मैं उसका इलाज अवश्य करूँ—बिना माई की सहमति या असहमति की परवाह किये। अब क्या तुम जल्दी से राजकुमारी के बचाव का कोई तरीका बता सकते हो?

मदन : यह तो तुम मानोगे कि इस ब्रह्मांड में माई एक अकेली शक्ति नहीं है। मृत्यु है, तो जीवन भी तो है। तो इस ब्रह्मांड में व्याप्त जीवनदायिनी शक्ति का आह्वान क्यों नहीं करते?

संजीव : किस शक्ति का?

मदन : शिव। जंगल में जो शिव मन्दिर है, उसे जाग्रत स्थान माना जाता है। कहते हैं मार्कंडेय को भी शिव ने उसी मन्दिर में लम्बी आयु का वरदान दिया था। तुम्हारे पिता बताते थे कि उन्होंने भी वहाँ शिव के साक्षात् दर्शन किये थे। तुम भी वहाँ जाकर कोशिश क्यों नहीं करते? अभी तो कल शाम तक का समय तुम्हारे पास है।

संजीव : हाँ। कोशिश तो की ही जा सकती है। (*जाता है*)

दृश्य पाँच

राजकुमारी : जब से मैंने उन्हें देखा है, मैं तो लुट गयी हूँ। न तो मेरे शरीर में आत्मा बची है, न दिल, न दिमाग़। उसने सब लूट लिया है मेरा। अब बस एक जान बची है। उनसे कहो वो भी ले जाएँ।

पुष्पा : ऐसी बातें क्यों करती हो?

राजकुमारी : कहते थे "तुम बहुत सुन्दर हो राजकुमारी! मैंने तो ऐसा सौन्दर्य और कहीं नहीं देखा।"

पुष्पा : तो ठीक ही तो कहा था उन्होंने।

राजकुमारी : हाँ, अपने मन की बात वो खुलकर कहते हैं। दो बार उन्होंने मुझे मूर्ख कहा।

पुष्पा : क्या? उन्होंने आपको मूर्ख कहा?

राजकुमारी : (*अपनी रौ में*) रात सपने में उन्होंने कितनी बार मेरे होंठों, गालों और आँखों को चूमा। यह सब सुन कर तुझे क्या लगता है पुष्पा?

पुष्पा : मुझे क्या लग सकता है राजकुमारी? बस इतना ही कि तुम सचमुच उनसे प्यार करने लगी हो।

राजकुमारी : हाँ, और?

पुष्पा : और ये, कि उनसे तुम्हारे हृदय की बात मुझे कहनी पड़ेगी।

राजकुमारी : हाँ, मैं यही चाहती हूँ।
(*एकाएक उदास हो जाती है*) लेकिन अगर उन्होंने मेरा प्यार स्वीकार नहीं किया, तब?

पुष्पा : हाँ, तब मैं क्या करूँगी?

राजकुमारी : तब तुम कहना, "चिकित्सक महोदय, अगर आप उसके प्रेम को अस्वीकार कर देंगे तो राजकुमारी निराश हो जाएँगी।

और यह निराशा उसे पागल कर देगी। अपने पागलपन में वो खाना-पीना छोड़ देगी और....''

पुष्पा : और?

राजकुमारी : और मर जाएगी।

पुष्पा : आप हर समय मरने की बातें क्यों करती हैं? वे जरूर मान जाएँगे। आप चिन्ता मत कीजिए। अरे लो, वे आ रहे हैं।

राजकुमारी : *(खुशी से चहकते हुए)* मैं यहाँ लेट जाती हूँ। अगर वो मेरे बारे में पूछें, तो तुम मेरी तरफ़ इशारा कर देना। फिर वो मेरी नाड़ी देखेंगे, मेरा पसीना पोंछेंगे। कल भी उन्होंने ऐसा ही किया था। *(लेट जाती है। फिर यकायक उठकर)* लेकिन मैं क्या करूँगी पुष्पा?

पुष्पा : आप अपनी आँखों में यौवन का मद, प्रेम का विष और नारी बुद्धि की चतुराई भर कर सीधे उनके हृदय पर कटाक्ष करना। यह खेल आपके लिए नया है। सो हो सकता है कि एक बार में निशाना चूक जाए। इसलिए भूलना मत, बार-बार वार करना। अच्छा, अब आप लेट जाइए, वो आ गये हैं।
(राजकुमारी जल्दी से लेट जाती है। संजीव का प्रवेश)

पुष्पा : राजकुमारी अब ठीक हैं। आज सुबह तो वो बाग में सैर करने भी गयी थीं। अब आराम कर रही हैं।
(संजीव राजकुमारी की नब्ज़ देखता है और उसके माथे का पसीना पोंछता है।)

संजीव : अगर ये संजीवनी लता तकलीफ दे रही हो, तो इसे उतार दूँ? (राजकुमारी एकदम उठकर बैठ जाती है और पुष्पा को देखती है।)

पुष्पा : नहीं, ऐसा मत कीजिएगा। इसे बँधे रहने दीजिए। पता नहीं क्यों, राजकुमारी को इस लता पर बहुत विश्वास हो गया है।

राजकुमारी : हाँ, मैं इसे अपने गले से नहीं उतारूँगी। पुष्पा! तू ही समझा न इन्हें।

पुष्पा : चिकित्सक महोदय! जरा राजकुमारी की मन की बात समझने की कोशिश कीजिए। जब ये जीने की इच्छा छोड़ चुकी थी तो आपने इन्हें जीवनदान दिया। आपने यह लता उनके गले में चाहे औषधि के रूप में बाँधी हो, पर ये अब इसे अपना मंगलसूत्र मानने लगी हैं।

संजीव : क्या मतलब?

पुष्पा : हाँ। राजकुमारी तय कर चुकी हैं कि आप ही से विवाह करेंगी।

संजीव : क्या महाराज भी इनकी यह इच्छा जानते हैं?

पुष्पा : जी हाँ, अच्छी तरह। राजकुमारी के लिए हुई भविष्यवाणी को वो कैसे भूल सकते हैं। ज्योतिषियों ने कहा था कि राजकुमारी जिसको पसन्द करे, वो चाहे कोई भी हो, अगर इनके गले में हार पहना देगा या कुछ भी बाँध देगा तो ये उसकी विवाहिता मानी जाएँगी।

(संगीत। बूढ़ी औरत प्रकट होती है। राजकुमारी एकदम घबराकर संजीव से लिपट जाती है।)

राजकुमारी : वो-वो कल वाली औरत फिर आ गयी। वो बिना चेहरे की।

पुष्पा : कहाँ? मुझे तो कोई नहीं दिख रहा।

राजकुमारी : कल मुझे उससे डर नहीं लगा था, क्योंकि मैं मरना चाहती थी। लेकिन अब मैं जीना चाहती हूँ।

संजीव : तुम उसकी परवाह मत करो राजकुमारी।

बुढ़िया : भूल गये? माँ ने कुछ कहा था, संजीव।

संजीव : हाँ, लेकिन मैंने उन्हें जवाब दे दिया था।

बुढ़िया : ओह, मानव! तेरा ये हठ! *(चली जाती है।)*

राजकुमारी : क्या चाहती है वो? मेरे गले की ये लता?

संजीव : हाँ।

राजकुमारी : अगर तुम चाहते हो कि मैं मर जाऊँ, तो लो, उतार लो ये।

पुष्पा : ऐसा मत करना चिकित्सक महोदय। किसी को जीवन देना बहुत बड़ी बात होती है। और आपने तो राजकुमारी के साथ-साथ हम सबको जीवनदान दिया है।

संजीव : *(राजकुमारी के कन्धों पर हाथ रख कर)* मुझे मालूम था एक समय आएगा, जब मुझे एक मर्द की तरह निर्णय लेना होगा। पर यह नहीं मालूम था कि अपनी ही माँ के खिलाफ जाना होगा मुझे। राजकुमारी! मैं तुम्हारा आभारी हूँ। तुमने मुझे आजादी का महत्त्व समझाया है। जो मनुष्य स्वतन्त्रता का महत्त्व नहीं जानता, वो अपने चारों तरफ एक नरक खड़ा कर लेता है। मैंने अपनी राह चुन ली है राजकुमारी।

राजकुमारी : क्या?

संजीव : तुम राजकुमारी होओगी, पर मैं राजा बनने को तैयार नहीं हूँ। तुम्हें यह बात समझनी होगी।

राजकुमारी : मैं समझती हूँ। मैं यह राजमहल छोड़ दूँगी और तुम्हारे साथ आकर रहूँगी। मैं जानती हूँ, चिकित्सक की पत्नी को सारा दिन दवाइयाँ पीसनी होती हैं। मैं भी पीसूँगी। और जब सारा समय दवाइयाँ पीसूँगी, तो मृत्यु के डर से भी मुक्त हो जाऊँगी।

संजीव : (*हँसते हुए*) इतनी दुबली हो, दवाइयाँ कैसे पीसोगी?

(*पुष्पा के चेहरे पर सन्तोष और खुशी है। वो चुपचाप वहाँ से खिसक जाती है।*)

राजकुमारी : शादी के बाद हर औरत मोटी हो जाती है। मैं भी हो जाऊँगी।

संजीव : राजकुमारी! तुम इस लता को ही अपना मंगलसूत्र समझती हो। मुझे स्वीकार्य है। अगर हम जाएँगे तो एक साथ और नहीं तो एक साथ आग में जल जाएँगे। बताओ, तुम्हें स्वीकार है?

राजकुमारी : हाँ।

(*दूर मन्दिर में एक घंटा बजता है*)

संजीव : राजकुमारी! मेरे पास तुम्हें देने के लिए कुछ नहीं है। इसे ही मेरे प्रेम की भेंट समझ कर स्वीकार करो।

(*इन शब्दों के साथ संजीव राजकुमारी को चंपक का एक फूल भेंट करता है और वहाँ से चला जाता है। राजकुमारी चंपक को अपने सीने से सटाए बहुत खुश है।*)

राजकुमारी : (*फूल को सहलाते हुए*) चंपक। चंपक। उनका नाम बताओ जिन्होंने तुम्हें मुझे सौंप दिया और जिन्हें मैंने अपने को।

बुढ़िया : (*अचानक प्रकट हो कर*) संजीव।

राजकुमारी : ओह! इस नाम को सुनकर ही मुझे कुछ हो जाता है। इस नाम की महक ही इतनी प्यारी है, बिल्कुल तेरे जैसी। बल्कि तुझसे भी प्यारी।

बुढ़िया : तू अन्धी हो गयी है बेटी! जरा अपने पाँवों के नीचे की जमीन को देख। दिखी?

राजकुमारी : (*देखती है*) हाँ, दिखी।

बुढ़िया : तो बता, तू महलों की मोरनी। उस चिकित्सक में ऐसा क्या देखा कि मर मिटी।

राजकुमारी : वो सच बोलता है। उसमें साहस है, इसलिए।

बुढ़िया : तो उसे कोई इनाम दे दो। तुमने तो अपनी जिन्दगी ही उसके हाथों में सौंप दी।

राजकुमारी : इसीलिए तो बच पायी। वरना मैं तो मर गयी होती।

बुढ़िया : क्या तुम उसकी माँ के बारे में जानती हो?

राजकुमारी : हाँ, सुना है वो छोटे-छोटे बच्चों को भी निगल जाती है। (*अचानक जैसे जाग कर*) मैं तो इस चंपक से बातें कर रही थी। तुम कौन हो? क्यों आती हो बार-बार?

बुढ़िया : तूने मुझे पहचाना नहीं बेटी? मैं तेरी माँ हूँ। इसीलिए तो तेरी चिन्ता कर रही हूँ।

राजकुमारी : अगर तुम मेरी माँ हो, तो भी तुम्हारा बिना आज्ञा अन्दर चले आना, मुझे अच्छा नहीं लगता। और ये भी सुन लो—अब मैं किसी से डरती नहीं। तुमसे भी नहीं माँ! आज अभी-अभी एक चमत्कार हुआ है। जैसे सूर्य की एक किरण धरती में घुस कर पौधों की एक पूरी दुनिया पैदा कर देती है, वैसे ही उसकी एक नजर ने मेरा भीतर-बाहर सब बदल दिया है। अब मैं बच्ची नहीं रही। इसलिए तुम्हें मेरी चिन्ता करने की कोई आवश्यकता नहीं, माँ। तुम जा सकती हो। पुष्पा!

पुष्पा : (*प्रवेश करते हुए*) जी, राजकुमारी।

राजकुमारी : इस औरत को बाहर कर दो।

(*बुढ़िया के वेश में माई हैरान चुपचाप निकल जाती है। संगीत*)

दृश्य छह

(शिव मन्दिर)

संजीव : हे भक्तों के भक्त! आकाश को धारण करने वाले! मृत्यु को सम्मुख पा मृकण्डु के पुत्र मार्कंडेय ने तुम्हारी स्तुति गायी थी और वह विजयी हुआ था। आज मैं तुम्हारे पास आया हूँ। हे समस्त सम्पदाओं के स्वामी! अब केवल तुम्हीं मेरी रक्षा कर सकते हो। तुम्हारा संरक्षण हो तो मृत्यु के देवता मुझे छू नहीं पाएँगे।

(इसी बीच शिव स्वयं नृत्य करते हुए प्रकट हो जाते हैं और आशीर्वाद की मुद्रा में खड़े हो जाते हैं। संगीत)

शिव : हे भक्त! ओ मेरे महान भक्त! जब भी कोई भक्त पुकारता है तो मुझे पाषाण फोड़ कर प्रकट होना पड़ता है। ले, तेरी भक्ति से प्रसन्न मैं स्वयं उपस्थित हूँ। माँग पुत्र, माँग! क्या चाहिए तुझे?

(संजीव बोलते हुए शिव के समक्ष हैरान खड़ा है।)

हे मेरे अग्रणी भक्त! क्या तू इसलिए घबरा गया कि तेरी स्तुति पूरी होने से पहले ही मैं प्रकट हो गया। या तुझे मेरे शिव होने पर सन्देह है?

संजीव : *(असमंजस में)* नहीं, ऐसी तो कोई बात नहीं।

शिव : तुझे तो अब तक पता होना चाहिए कि मैं कितनी आसानी से प्रकट हो जाता हूँ। क्यों, तूने मेरे भक्तों को गाते नहीं सुना? भक्त यदि लेटा स्तुति करे, तो शिव बैठा सुने। भक्त यदि बैठा स्तुति करे, तो शिव खड़ा सुने। भक्त यदि खड़ा स्तुति करे, तो शिव नर्तन करता सुने। अब तू ने खड़े होकर मेरी स्तुति की तो मुझे नाचते आना पड़ा।

संजीव : *(विश्वास करते हुए)* मैं आभारी हूँ पिता।

शिव : सच में?

संजीव : हाँ, सच में।

शिव : तू मेरे महान भक्त कीर्तिशिव का पुत्र है ना, जो अब कैलासवासी है?

संजीव : हाँ, मैं संजीव हूँ—कीर्तिशिव का बेटा और शेतवी माता का दत्तक पुत्र।

शिव : बहुत अच्छे, बहुत अच्छे। तेरे पीछे तो भक्तों और भक्ति की पूरी परम्परा है। तो फिर जल्दी कर, वर माँग। मुझे तब तक सन्तोष नहीं होगा, जब तक मैं तुझे वरदान न दे दूँ। वैसे तो मैं बिना कहे ही भक्त के मन की बात जान लेता हूँ और माँगने से पहले ही उसे वर दे देता हूँ। लेकिन तेरे मन में क्या है--समझ नहीं पाया। इसी से खुल कर पूछ रहा हूँ।

संजीव : पिता के सिवा बच्चों का दुख और कौन समझ सकता है?

शिव : बिल्कुल, बिल्कुल। वैसे तो तुझे देखते ही मैं तेरे भूत, भविष्य, वर्तमान सभी जन्मों के संकट जान गया था। लेकिन अगर मुझे पता हो कि वो कौन-सा संकट है, जिसका तुरन्त निवारण करने की आवश्यकता है तो....

संजीव : हे देवों के देव! महादेव! मेरी बुद्धि काम नहीं कर रही। आप इतनी आसानी से...

शिव : कहा था, मैंने पुजारी से कहा था। हमें प्रकट होने में इतनी जल्दबाजी नहीं करनी चाहिए। हमें तब तक इन्तज़ार करना चाहिए जब तक भक्त का गला हमारी स्तुति गाते-गाते बैठ न जाए। पर वो मेरी सुनता थोड़े ही है। अब देखो, ये मेरा सबसे विश्वासी भक्त भी मेरा विश्वास नहीं कर रहा। देख, देख ये मेरे सिर पर सचमुच का चन्द्रमा देख। और मेरे बालों से झरता हुआ ये पानी। और मेरे माथे पर ये तीसरी आँख। यकीन नहीं आता तो छू कर देख ले। या कहे तो तुझे तांडव नाच कर दिखाऊँ? वाद्य-वृंद वाले भाइयो! आओ...*(जमीन को देखकर)* ये आँगन कुछ टेढ़ा नहीं है? मेरा मतलब, तांडव नृत्य के लिए ठीक नहीं है। और फिर आजकल के बजाने वालों में ताल की समझ भी तो...

संजीव : और फिर आजकल आपका अभ्यास भी कहाँ रहा?

शिव : देखो तो इसको। तू कौन है रे?

संजीव : संजीव। आपका पुत्र, माँ! मैं तो समझता था केवल मदन ही भांडगिरी करता है। लेकिन देख रहा हूँ मेरी माँ ने भी शुरू कर दी। लेकिन माँ, आप उतनी अच्छी अभिनेत्री नहीं हैं।

माई : (*अपने असली वेश में आते हुए*) रहने दे, रहने दे। कितनी देर लगी तुझे पहचानने में। मेरा अभिनय खराब था तो तू ही कौन-सा सुधी दर्शक है? मुझे नहीं मालूम था, भगवान बनना इतना आसान होगा। उसकी तरह खड़ा होना, बैठना, आशीर्वाद देना—सब कुछ कितना आसान। बस ये कुछ बातें पता होनी चाहिए। फिर नकली भगवानों का धन्धा आराम से चल सकता है और ये भगवान कोई एक-दो तो होते नहीं, पूरे तैंतीस करोड़-अलग-अलग रंगों में, अलग-अलग आकार-प्रकार के। पत्थर के भगवान, मिट्टी के भगवान, लकड़ी के भगवान, छोटी आँखों वाले, तीन आँखों वाले, बहुत सारी आँखों वाले, आठ-आठ हाथों और चार-चार सिरों वाले। सच में, इन भगवानों ने तो पूरे संसार को अजायबघर बना दिया है। खैर छोड़ो ये सब। तो, अब तो तुम्हें मेरी वास्तविकता पता चल गयी? मैं हूँ तुम्हारे भगवानों की दुश्मन और तुम्हारी माँ, जिसने तुम्हें गोद लिया है। यहाँ मेरा नाम शेतवी माता है। अब तुम बताओ, तुम कौन हो?

संजीव : एक समय में माँ के प्रेम का उत्तराधिकारी और आज माता द्वारा परित्यक्त एक अनाथ जिसका नाम है संजीव।

माई : यह सजा तो तुमने खुद अपने को दी है। माँ का इसमें कोई दोष नहीं। जानते हो, तुम दो भयानक बीमारियों से पीड़ित हो।

संजीव : बीमारियाँ? कैसी बीमारियाँ?

माई : राजकुमारी और भगवान।

संजीव : यह कह कर राजकुमारी के जीवन के लिए मेरी विनती को अनसुना कर रही हो माँ?

माई : अनसुना नहीं कर रही, सिर्फ अपनी सहमति नहीं दे रही।

संजीव : तुम मुझे बिल्कुल प्यार नहीं करतीं।

माई : हाँ, सच है। मैं तुम्हारी कमजोरियों को प्यार नहीं कर सकती। चाहे तुम मेरे बेटे हो, फिर भी।

संजीव : मैं जानता हूँ तुम हृदयविहीन हो। पर तुम्हारे अन्दर कुछ है, जिसे मैं प्यार करता हूँ। मुझे नहीं पता वो क्या है। शायद तुम्हारा अकेलापन–जिसका न कोई आदि है, न अन्त। एक खाली अन्तराल, रोशनी और हवा से अनछुआ।

माई : ये केवल मेरा वर्णन है, मेरा सत्य नहीं। मैं बताती हूँ तुम्हें। जीवन की भूख हम दोनों को है। तुम जीवन को बचाए रखना चाहते हो, और मुझे उसे नष्ट करने में प्रसन्नता होती है। तुम्हारी भूख को समझना आसान है, क्योंकि तुम ऐसे संसार के जीव हो, जो अपनी हदों से बँधा है। परन्तु मेरी दुनिया बेहद की है। इसलिए मेरी भूख तुम्हें नृशंसता लगती है। अच्छा, अब मेरे प्रश्न का उत्तर दो। मदन और तुम मिलकर मेरे खिलाफ क्या साजिश कर रहे थे? मैं जान सकती हूँ?

संजीव : अवश्य। हम जानना चाह रहे थे कि तुम्हारे आशीर्वाद के बिना भी क्या मेरे चिकित्सक होने का कोई अर्थ है।

माई : लेकिन तुम्हारे काम में मैं सहायक बनूँ, तो इसमें तुम्हें आपत्ति क्या है?

संजीव : क्योंकि हमारे रास्ते भिन्न हैं। मैं जिसे बचाना चाहता हूँ, तुम उसे मारना चाहती हो। मैं मुक्ति चाहता हूँ माँ, तुमसे, तुम्हारे भय से।

माई : मुक्ति! मेरे भय से मुक्ति? कभी सोचा है, अगर यह भय न हो, तो तुम्हारे विज्ञान की क्या पूछ रह जाएगी। इस भय के मुकाबले क्या कोई भाव या अनुभव है? यह सारा सृजन, तुम्हारे दर्शन, अन्धविश्वास, धर्म और शास्त्र, ये सब मेरे प्रति इस भय से ही तो रचे गये हैं। और इतने इतिहास, उन्हें भी तो मृत्यु के इस भय ने ही रचा है।

संजीव : लेकिन फिर भी एक औघड़ है, जिसने सारी हदें पार की हैं और स्वतन्त्रता का स्वाद चखा है। उस स्वतन्त्रता का, जो निर्बन्ध पानी में होती है, चिड़ियों के गान में होती है, बच्चों की स्वप्निल आँखों में होती है। यह स्वतन्त्रता ही तो तुमसे लड़ने की ताक़त भी देती है। इसी के दर्शन हम शिवलिंग में करते हैं।

माई : शिवलिंग। स्वतन्त्रता! मुक्ति! शब्द, निरे शब्द। अगर मैं अपना नर्तन शुरू कर दूँ तो ये सारे शब्द अभी झूठे पड़ जाएँगे। तुम्हारा शिव धूल चाटेगा। देखना चाहते हो? तो देखो—तुम्हारा मित्र वहाँ अपना मूर्खता भरा नाट्य कर रहा है। मार्कंडेय शिवलिंग से लिपटा, उससे अपने जीवन की गुहार कर रहा है।

(माई मदन के नाटक का वह दृश्य दिखाती है जिसमें मार्कंडेय शिवलिंग से लिपटा है और यमदूत उसके गले में फंदा डाल कर उसे घसीटने की कोशिश कर रहा है।)

मार्कंडेय : हे सर्वव्यापी भगवन्! हे महेश्वर! हे परमेश्वर! हजारों मुखों वाले नाग आदिशेष भी मुझ बदनसीब के दुखों का वर्णन नहीं कर सकते। क्या तुम यह समझ पा रहे हो कि अगर संसार देखेगा कि तुम्हारी सारी भक्ति और पूजा-अर्चना के बावजूद मेरा यह हाल है, तो तुम्हारे लिए एक दिया जलाने वाला भी इस दुनिया में कोई नहीं रहेगा। हे शम्भो! हे शिव! हे देवों के देव! क्रूर काल ने मेरे गले में फंदा डाल दिया है और मुझे घसीट रहा है। बचाओ, भगवन बचाओ।

माई : लो, तुम्हारा मित्र, अपना त्रिशूल चमकाता हुआ शिव के वेश में प्रकट हो रहा है। वो मेरे दूत को मारेगा? ये ले शिव, ये ले। *(माई जहाँ है वहीं से मारती है और शिव का अभिनय करने वाला मर जाता है।)* लो, भक्तों को बचाने वाला शिव खुद ही मर गया। कम से कम अपना पात्र करने वाले को तो बचा लेता।

संजीव : शिव कोई जादूगर नहीं है माई।

माई : मूर्ख! ये जादू नहीं, सच है। जाकर देख।

संजीव : तो क्या मदन मर गया?

माई : मैंने एक ही कौर में तुम्हारे तैंतीस करोड़ देवताओं को हड़प लिया। *(नाचती हुई चली जाती है)*

संजीव : *(दुख से)* ओह मदन! मेरी माँ के इस क्रूर खेल ने तुम्हारी जान ले ली।

(तभी मार्कंडेय बना मदन, शिव के वस्त्राभूषणों में मृत पड़ी मंजरी की लाश पर जोर-जोर से मातम करने लगता है।)

मंजरी : मंजरी! मेरी प्यारी मंजरी! तू ही मेरी एकमात्र पत्नी बची थी।

अब तेरे मरने के बाद मेरे जीने का कोई कारण नहीं है। तेरा तो नाम ही मेरी जुबान को इतना स्वादिष्ट लगता था और मेरे कानों में मधुर संगीत-सा गूँजता था। अब मैं इस नाम से किसे बुलाऊँगा? आह मंजरी! तू सचमुच पैदायशी कलाकार थी और कितनी भाग्यशालिनी। मंच पर अभिनय करते हुए तू ने मृत्यु का वरण किया। हे शिव! कैसे क्रूर हो तुम? एक औरत, और वो भी जो तुम्हारे वेश में थी, तुमने उसकी जान ले ली।

(मदरंगी शोक प्रकट करने के लिए आती है और कुछ दूरी पर खड़ी हो जाती है।)

आओ मदरंगी, आओ। मुझे सान्त्वना देने आयी हो? मुझसे विवाह करके वो सधवा तो मरी, कितनों को ऐसा सौभाग्य मिलता है? यहाँ आकर देखो, कैसे लेटी है ये। अब आयी हो, तो पास आ कर सहानुभूति दो। मेरे आँसू पोंछो, मेरा सिर अपनी छाती पर रख लो। मैं कोई मना थोड़े ही करूँगा।

(मदरंगी उसके पास आ कर बैठ जाती है। मंजरी की आत्मा डाह से उठकर बैठ जाती है। लेकिन बाकी दोनों को नजर नहीं आती।)

मदरंगी : बेचारी नेक औरत! कैसा दुर्भाग्य!

मदन : और क्या? कैसा दुर्भाग्य! उसकी मृत्यु के दिन राजा, मन्त्री, कवि, कोई भी तो नहीं मरा। इससे बड़ा दुर्भाग्य और क्या हो सकता है। बस बेचारी इस डाह में मर गयी कि मैं रोज सपने में तुम्हें देखता था।

मदरंगी : यह सरासर झूठ है।

मदन : लाश के सामने कोई झूठ बोल सकता है?

मदरंगी : फिर मुझे छोड़ कर उससे शादी क्यों की थी?

मदन : क्योंकि मैं तुझे खोना नहीं चाहता था। मेरी नौवीं बीवी को ऐसे ही मरना था। ज्योतिषियों की यही भविष्यवाणी थी।

आत्मा : (मंजरी) देखा—साले कमीने को!

मंदन : (*मदरंगी से*) तुझे विश्वास नहीं होता? हे भगवान। इससे तो मैं ही मर जाता। मंजरी के बदले मौत मुझे ही क्यों नहीं आ गयी?

मदरंगी : (*कुछ पिघलते हुए*) तेरे चाहने से क्या होगा? लिखी होगी तभी तो आएगी।

मदन : आयी थी। मेरे सपने में मौत आयी थी। मैंने कहा–"माँ मुझे उठा ले"। तो बोली–"अभी तो तुझे एक और सुन्दरी को वरना है।"

मदरंगी : अब और कौन सुन्दरी तुझे वरने आएगी?

मदन : और कोई नहीं, तो तू ही वापस आ जा। मैं उसमें ही खुश रहूँगा।

मदरंगी : रहने दे। अब ना तो मैं सुन्दरी हूँ और ना ही तू जवान रह गया है।

मदन : तू कृपा तो कर। फिर देखना। मैं जवान हूँ या बूढ़ा। अगर हम प्यार करेंगे तो तू होगी मेरी प्रसन्नवदना और मैं होऊँगा तेरा बाँका साँड।

मदरंगी : हाय राम! कैसी प्यारी बातें करता है।

(*संजीव का प्रवेश*)

संजीव : (*आश्चर्य से*) तुम जिन्दा हो?

मदन : क्यों? मुझे भी मरना था?

संजीव : शिव की भूमिका में तुम नहीं थे?

मदन : हाँ मैं ही था।

(*आत्मा उसे एक घूँसा जड़ती है।*)

आत्मा : झूठ बोलता है बदमाश!

मदन : नहीं, शिव की भूमिका मंजरी कर रही थी।

(*आत्मा वापस मुर्दे की शक्ल में लेट जाती है*)

संजीव : क्या ऐन वक्त तुमने भूमिका बदल ली थी?

मदन : हाँ।

संजीव : क्यों?

मदन : मंजरी ने जिद की। कहने लगी–"या तो मुझे शिव की भूमिका करने दो या मैं कुएँ में कूद कर जान दे दूँगी।"

(*आत्मा आश्चर्य से मदन को ताक रही है।*)

मदन : मैंने कहा, "मंजरी! तुझे शिव के संवाद नहीं आते।" लेकिन वो कहाँ सुनने लगी। तो झक मार कर, ऐन वक्त पर मुझे भूमिका बदलनी पड़ी।

आत्मा : झूठ, सफेद झूठ! पसीने से तर-बतर आया और मेरे पाँवों पर गिर पड़ा। डर के मारे घिग्घी बँधी हुई थी। कहने लगा—"वो बिना चेहरे की बुढ़िया हमारा नाट्य करने पर तुली हुई है। हम अपनी भूमिकाएँ बदल लेते हैं।' मैंने लाख कहा—"मुझे शिव के संवाद याद नहीं।" लेकिन नहीं माना, बोला—"मैं सब सँभाल लूँगा।" अपनी गलती तो मुझे बाद में पता चली। वो वहाँ दूर से महा माई ने अपनी उँगली उठाई और यहाँ मैं चित पड़ गयी। (*मदन को एक लात मारती है।*) इस कमीने के लिए अपनी जान दी। अगर मैंने इसकी बात नहीं मानी होती, तो जिन्दा होती, और इस मदरंगी का झोंटा नोच रही होती।

मदन : ये आप मुझे बार-बार लात क्यों मार रहे हैं?

संजीव : मैं नहीं मार रहा, ये तुम्हारा भाग्य तुम्हें लतिया रहा है।

मदन : भाग्य लतिया रहा है?

संजीव : अच्छा, तुम तो कहते थे कि मौत को धोखा नहीं दिया जा सकता...जबकि तुमने सरासर वही किया।

मदन : यह सच है कि अभी तक किसी तरह बचता रहा हूँ—पर हमेशा थोड़े ही। यह आँख मिचौली का खेल आखिर कब तक?

संजीव : जब तक खेला जा सके, तब तक। बिना खेले हार भी तो नहीं मान लेनी चाहिए।

मदन : (*हँस कर*) नहीं, बिल्कुल नहीं। तो जाओ फिर, अकेले नहीं राजकुमारी को लेकर।

संजीव : हाँ, यह करूँगा। (*जाता है*)

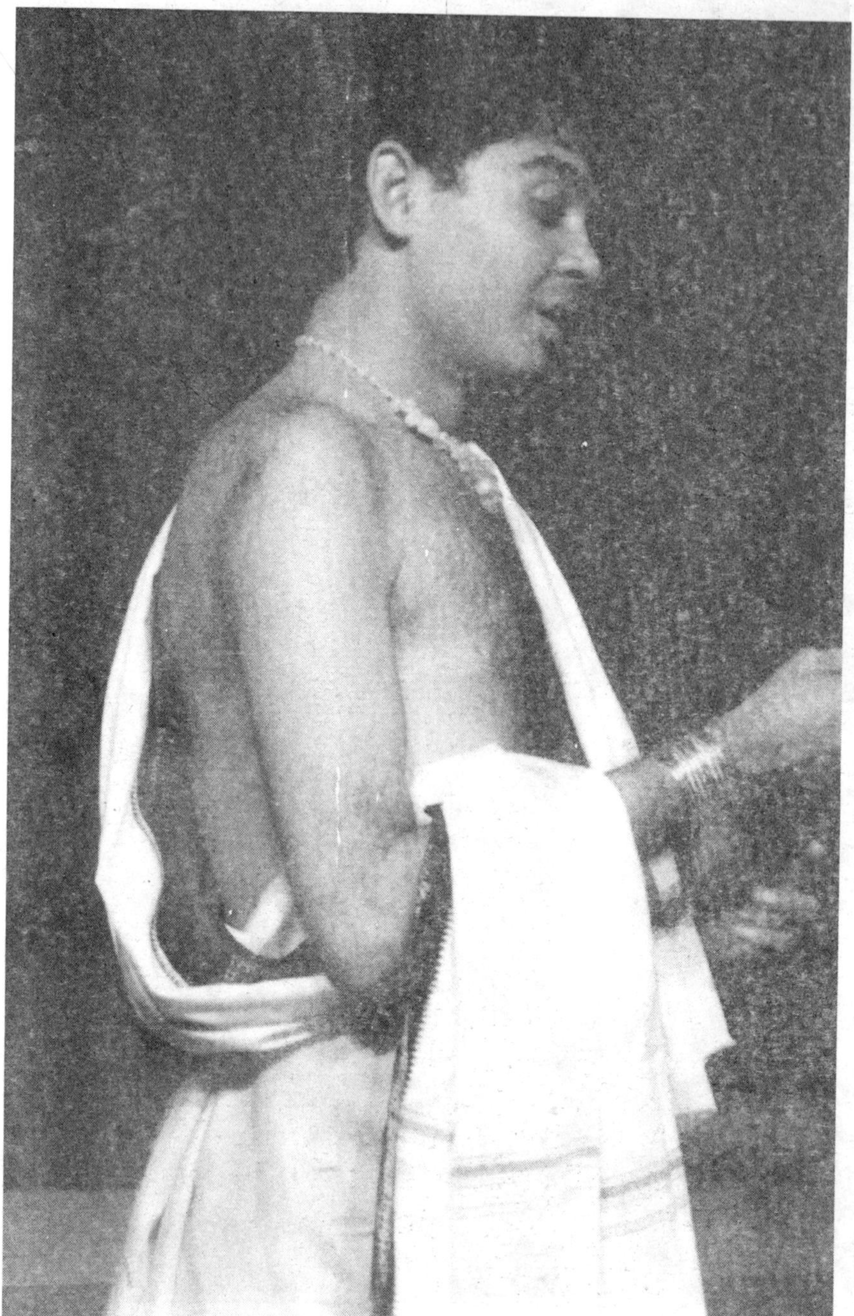

दृश्य सात

गिरिपल्लवी : (*पुकारती हुई आती है*) माई! महा माई! राजकुमारी महल से कहीं निकल गयी है।

माई : क्या?

गिरिपल्लवी : हाँ माई, महल में विवाह की तैयारियाँ चल रही थीं। राजकुमारी ने स्नान करके चंद्रकली साड़ी पहनी और अपनी माँ के चित्र के सामने दीप जलाया। फिर वो बोली—"माँ! मैं अपने पति के घर जा रही हूँ, मुझे आशीर्वाद दो। मैं उनसे प्रेम करती हूँ, माँ! अगर इस प्रेम के लिए मुझे मरना भी पड़े, तो मैं खुशी से मरूँगी। लेकिन माँ! मेरी मौत के बाद मेरे पति को लम्बा जीवन और ऐसी पत्नी अवश्य देना, जो उन्हें मेरी ही तरह प्यार करे।" यह कह कर वो फूट-फूट कर रोने लगी। मुझसे उसका दुख देखा न गया, तो मैं थोड़ी देर के लिए वहाँ से हट गयी। वापस लौटी, तो वो वहाँ कहीं नहीं थी।

माई : जरूर संजीव उसे कहीं भगा ले गया है। मूर्ख कहीं का। मैं भी देखती हूँ, कहाँ तक भागेगा। आओ मेरे साथ। (*तेजी से निकल जाती है। संजीव और राजकुमारी प्रवेश करते हैं।*)

राजकुमारी : तुम मुझे ऐसे भगाए कहाँ लिए जा रहे हो? हम विवाह के बाद ठीक से विदा लेकर भी तो चल सकते हैं।

संजीव : नहीं, मैं उसे मौका देना नहीं चाहता। वो इसी घा़त में तो है कि कब तुम पालकी में बैठो और वो तुम्हें मुझसे छीन ले।

राजकुमारी : लेकिन हम भागकर जाएँगे कहाँ?

संजीव : इन हदों के पार। अच्छा अब सवाल मत पूछो। इधर आओ, यहाँ! (*खींच कर उसे एक कोने में लाता है*) अपनी साड़ी उतारो।

राजकुमारी : क्या मतलब?

संजीव : जो कह रहा हूँ, करो। कहा न, सवाल पूछने का वक्त नहीं है। (*वो खींच कर राजकुमारी की साड़ी निकाल देता है। तभी दूसरी ओर से माई और गिरिपल्लवी आती हैं।*)

गिरिपल्लवी : यह सारा जंगल एक दुःस्वप्न की तरह है। आसमान में एक भी तारा नहीं। फिर यहाँ पगडंडियाँ भी इतनी हैं—कैसे पता लगे कि उन्होंने कौन-सा रास्ता पकड़ा है।

माई : वहाँ, वहाँ कोई छिपा हुआ है।

गिरिपल्लवी : कौन छिपा है वहाँ? बाहर आओ। छिपने का कोई फायदा नहीं। माई की आँखें तुम्हें देख रही हैं।

(संजीव राजकुमारी को लेकर दबे पाँव वहाँ से निकल जाता है।)

माई : बाहर आओ!

गिरिपल्लवी : सुना नहीं? बाहर आओ!

माई : वो जा रहे हैं दोनों। गिरिपल्लवी, पीछा करो। (*संजीव व राजकुमारी के पीछे गिरिपल्लवी का प्रस्थान*)

माई : माँ के साथ खेल कर रहे हो। लेकिन तुम वो खेल खेल रहे हो बेटे, जिसमें तुम्हारी हार निश्चित है। कोई बात नहीं, खेलो। मैं भी देखती हूँ कब तक?

(*गिरिपल्लवी वापस आती है*)

गिरिपल्लवी : वहाँ तो कोई नहीं है माई! मुझे तो लगता है वे कहीं दूर निकल गये हैं।

माई : जाने दो। बच्चे कितनी भी दूर चले जाएँ, लेकिन माँ के करीब ही रहते हैं। आओ गिरिपल्लवी! (*दोनों का प्रस्थान*)

(*संजीव और राजकुमारी प्रवेश करते हैं*)

राजकुमारी : नहीं, मैं ऐसा हरगिज नहीं करूँगी। तुम मेरे कपड़े बिल्कुल नहीं पहनोगे।

संजीव : तुम समझती क्यों नहीं? हमारे पास माई से बचने का कोई और तरीका नहीं है।

राजकुमारी : लेकिन मेरे धोखे में अगर उसने तुम्हें निगल लिया तो?

संजीव : ऐसा नहीं हो सकता। तब तो माई स्वयं झूठी पड़ जाएगी।

राजकुमारी : कैसे?

संजीव : क्योंकि मुझे लम्बी आयु का वरदान खुद माई ने ही दिया है। वो मुझे नहीं मारेगी।

राजकुमारी : तो क्या मृत्यु को छलना इतना आसान है? केवल आपस में वस्त्र बदलने से हमारा सम्पूर्ण रूपान्तरण तो नहीं हो जाएगा?

संजीव : ये मैंने कब कहा कि केवल हम वस्त्र बदलेंगे?

राजकुमारी : तो फिर?

संजीव : हम समूचे एक-दूसरे में प्रवेश कर जाएँगे। तुम मैं हो जाओगी और मैं तुम।

राजकुमारी : यह कैसे सम्भव है?

संजीव : जैसे प्यार सम्भव है। प्यार और क्या है? एक का दूसरे को पूर्ण समर्पण ही तो! आओ, तुम मेरी आत्मा में प्रविष्ट हो जाओ और मुझे अपनी आत्मा में प्रवेश करने दो। मैं तुम हो जाऊँ और तुम मैं।

(वे आनुष्ठानिक रूप में एक-दूसरे के कपड़े पहनना शुरू करते हैं कि अचानक राजकुमारी ठिठककर रुक जाती है।)

राजकुमारी : नहीं, मैं जा रही हूँ। तुम क्या कर रहे हो, लेकिन मैं ऐसा नहीं होने दूँगी। तुम्हारे उत्सर्ग के बाद मैं जिन्दा रह कर क्या करूँगी? जीना तुम्हें है। लम्बी आयु का वरदान तुम्हें लिए है। यकीन करो, तुम्हें मुझसे ज्यादा प्यार करने वाली पत्नी मिलेगी, लेकिन तुम्हारे बिना जीवन की कल्पना भी असम्भव है।

संजीव : अपना वचन इतनी जल्दी भूल गयी? हमने निश्चय नहीं किया था कि जिएँगे तो साथ, नहीं तो साथ-साथ जल मरेंगे! आओ, देर मत करो। हम एक-दूसरे में इस तरह गड्ड-मड्ड हो जाएँ कि मृत्यु भी हमारी अलग पहचान न कर सके। आओ राजकुमारी!

राजकुमारी : संजीव!

संजीव : राजकुमारी!

राजकुमारी : संजीव...

संजीव : राजकुमारी

राजकुमारी : राजकुमारी!

संजीव : संजीव

राजकुमारी : जीव!

संजीव : मारी!

राजकुमारी : मारी!

संजीव : जीव!

राजकुमारी : मारी!

(उपर्युक्त ध्वनियों के साथ एक आनुष्ठानिक नृत्य-सा करते हैं और इस नृत्य के साथ उनकी भंगिमाएँ और आवाजें भी बदल जाती हैं।)

गिरिपल्लवी : माई! आज सबकुछ उलटा-पुलटा क्यों लग रहा है? न धरती धरती लगती है, न आसमान आसमान। पेड़ों पर लगता है किसी ने स्याही पोत दी है। अब देखो न माई, चमगादड़ पैरों पर चल रहे हैं और मोर पेड़ों पर उलटे लटके हैं।

(माई अब तक जैसे ध्यानावस्था में थी)

माई : क्योंकि जिन्दा और मरे हुओं ने आपस में कपड़े बदल लिए हैं। इतना ही नहीं, उन्होंने एक-दूसरे की भंगिमा और आवाज भी चुरा ली है।

(हँसती है। दोनों का प्रस्थान)

संजीव : *(जो अब राजकुमारी है)* ये छायाएँ कैसी हैं? क्या हम खो रहे हैं।

राजकुमारी : *(जो अब संजीव है)* नहीं, असम्भव!

संजीव : *(राजकुमारी)* तो फिर अचानक यह आँधी क्यों उठने लगी? पेड़ों से ये पात क्यों झर रहे हैं? ये कौन छायाएँ हमें घेर रही हैं?

(प्रेतात्माएँ आगे बढ़ती हैं।)

कीर्तिशिव की प्रेतात्मा : मैं हूँ कीर्तिशिव। अब तो कहना पड़ेगा कि तुम दोनों का पिता। हम प्रेतात्माएँ तुम्हें आशीर्वाद देने आयी हैं।

प्रेतात्माएँ : *(सामूहिक)* डरो मत बच्चो! तुम्हारी तरह हम भी लड़े थे, और बाजी हार गये थे। लेकिन हमारा आशीर्वाद सदैव उनके साथ है, जिनमें लड़ने का हौसला है। देवों के पास न आँखें हैं, न कान। या फिर वे असमंजस में हैं, और या इतने सुस्त है कि अपनी ही बनाई दुनिया को दुरुस्त नहीं करते। लेकिन तुम्हारे जैसों की कीर्ति अमर रहती है। आने वाली कई सदियों तक

लोग तुम्हारे साहस और माई की नृशंसता को याद करेंगे। हम दूरस्थ छात्राएँ तुम्हें आशीर्वाद देते हैं। अपने समस्त पितरों का बल लेकर तुम अपने इस मानवीय संघर्ष में डटे रहो।

संजीव और राजकुमारी : पितरो! आपका बहुत-बहुत आभार। इस भयावह जंगल में आज हम भी अपनी अन्तिम लड़ाई लड़ रहे हैं। सम्भव है आपकी तरह हम भी हार जाएँ, और इस जीवन को अलविदा कह कर आपके पास चले आएँ। लेकिन मौत की ताकतों से हमारा यह युद्ध, हे पितरो, आपकी कीर्ति के अनुरूप होगा। आप निश्चिन्त रहें। अब हम चलेंगे। हमें आज्ञा और आशीर्वाद दें।

छायाएँ : तुम्हारा पथ प्रशस्त हो बच्चो। (*यह कहती हुई प्रस्थान करती हैं।*)

राजकुमारी रूपी संजीव : (*यकायक थक कर बैठ जाता है*) अब मैं और नहीं चल सकती, संजीव। बहुत थक गयी हूँ। क्या कुछ देर हम कहीं आराम नहीं कर सकते?

संजीव रूपी राजकुमारी : वो, वहाँ सामने कुछ घर-सा नजर आ रहा है। चलो, चल कर देखते हैं। (*वे दरवाज़े तक बढ़ते हैं*)

संजीव रूपी राजकुमारी : सुनो राजकुमारी! हम गलती से भी किसी को अपना असली नाम नहीं बताएँगे। मेरा नाम है आकाशपल्लव, और तुम हो संजीवलता। नहीं-नहीं संजीवनी ठीक है।

राजकुमारी रूपी संजीव : ठीक है।

संजीव रूपी राजकुमारी : अन्दर कोई है? दरवाज़ा खोलो! हम हैं आकाशपल्लव और संजीवनी। (*दरवाज़ा धीरे-से खुलता है, और उसे खोलने वाली गिरिपल्लवी है। सामने एक ऊँचा आसन है*)

गिरिपिल्लवी : बेटा संजीव! क्या तुम नाम बदल कर, और यूँ भाग कर अपनी माँ को धोखा दे सकते हो?

संजीव रूपी राजकुमारी : तो क्या हम जंगल की ओर इसलिए भागे कि अन्ततः यहीं पहुँचें?

गिरिपल्लवी : दरअसल तुम माई के इस टीले से दूर गये ही नहीं। पूरी रात इसी के चक्कर लगाते रहे।

संजीव : यह तो अन्याय है, घोर अन्याय।

गिरिपल्लवी : वो मैं नहीं जानती। लेकिन हाँ, इतना जरूर है कि तुम और राजकुमारी मनुष्य योनि के अकेले दो प्राणी हो जिन्होंने यहाँ प्रवेश किया है। इस राजकुमारी का यह सौभाग्य है, क्योंकि तुम माई के पुत्र हो। याद रखो, तुम्हारा भाग्य माई के क्रोध या उनकी कृपा पर निर्भर है। तुम्हारे लिए अन्तिम अवसर है। बेहतर होगा, तुम इसका उपयोग बुद्धिमानी से करो।

संजीव रूपी राजकुमारी : क्रूर भाग्य हमें इस गुफा में खींच लाया है। लेकिन माई को एक बात समझ लेनी होगी—या तो इस गुफा से हम दोनों जीवित लौटेंगे या दोनों एक ही चिता पर साथ जलेंगे। माई किसी भी सूरत में अकेली राजकुमारी का शिकार नहीं कर पाएँगी।

गिरिपल्लवी : बेटा! तुम वह खेल खेल रहे हो, जिसमें तुम्हारी हार निंश्चित है। पछताओगे!

संजीव रूपी राजकुमारी : पछता तो मैं अब भी रहा हूँ, एक दयाहीन माँ के लिए।

गिरिपल्लवी : नियति को क्यों ललकार रहे हो, मूर्ख! प्रकाश की सीमा होती है, अन्धकार की नहीं।

माई : (*माई का प्रवेश*) अब यह बड़ा हो गया है गिरिपल्लवी! तुम्हारे उपदेश नहीं सुनेगा। इस लड़की ने इसे बड़ा साहसी बना दिया है, और अपने उस नट मित्र से इसने चतुराई भी खूब सीख ली है। अब देखो न, एक-दूसरे की वाणी बोलते, एक-दूसरे का वेश धरे ये तुम्हारे सामने खड़े हैं, और तुम पहचान ही नहीं पा रही।

गिरिपल्लवी : (*असमंजस में*) एक दूसरे का वेश धरे...नहीं, माई।

माई : मैं ठीक कह रही हूँ, गिरिपल्लवी। यह जो संजीव बना तुमसे बहस कर रहा है, यह संजीव नहीं, राजकुमारी है।

गिरिपल्लवी : (*अविश्वास से*) क्षमा करें, माई! आपकी यह सेविका पहली बार आपके कथन पर विश्वास नहीं कर पा रही है। इसे मैंने गोद में खिलाया है, मैं धोखा नहीं खा सकती।

माई : तुझे अभी विश्वास हो जाएगा। ये नहीं जानते इनकी असली पहचान मेरे पास हमेशा सुरक्षित रहती है। लेकिन तू तो जानती है, गिरिपल्लवी! ला, राजकुमारी और संजीव के जीवन दीप ला! अभी पता चल जाएगा, कौन राजकुमारी है, कौन संजीव?

गिरिपल्लवी : जी, माई! (*जाती है। संजीव रूपी राजकुमारी घबरा कर राजकुमारी रूपी संजीव को देखती है*)

संजीव रूपी राजकुमारी : संजीव!

राजकुमारी रूपीसंजीव : (*उसे आश्वस्त करने के स्वर में*) राजकुमारी! (*उसका हाथ पकड़ लेता है*)

माई : (*हँस कर*) तुम्हें याद है, संजीव! तुमने कहा था, मैं अच्छी अभिनेत्री नहीं हूँ। लेकिन दरअसल मैं अच्छी हूँ। इसीलिए तुम दोनों को दाद देती हूँ।

(राजकुमारी के वेश में संजीव पहली बार अपनी आवाज में बोल पड़ता है)

असल संजीव : यह अभिनय नहीं है, माई।

माई : (*और हँसती है*) हाँ, सच में, अभिनय थोड़े ही है। राजकुमारी भी संजीव की वाणी में बोल रही है। इसे अभिनय थोड़े ही कहेंगे। तो फिर क्या है यह? परकाया प्रवेश?

(*गिरिपल्लवी एक दीप ले कर आती है, जिसे देखते ही माई अपना आपा खो देती है।*)

माई : राजकुमारी का जीवन दीप कहाँ है?

गिरिपल्लवी : मुझसे समझ नहीं आ रहा, लेकिन वहाँ एक ही दीप है माई!

माई : ऐसा नहीं हो सकता।

गिरिपल्लवी : मैं गलती नहीं कर सकती माई! वहाँ केवल यही एक दीप था।

माई : तो फिर तू ने ही यह धोखा किया है।

गिरि : क्या कह रही हैं माई? मैं, और धोखा?

माई : हाँ! नहीं तो वह दूसरा दीप कहाँ चला गया?

असल संजीव : अगर ये धोखा है माँ, तो यह धोखा हमने आपके साथ किया है। सजा हमें दें, गिरिपल्लवी को नहीं।

(माई दीप को फूँक-फूँकर बुझाना चाहती है, पर वह नहीं बुझता)

माई : *(पागलों-सी चीख कर)* गिरिपल्लवी! इन्हें बाहर करो यहाँ से, और खबरदार कर दो। *(और दीप लिए प्रस्थान कर जाती है)*

गिरिपल्लवी : *(जैसे फ़ैसला सुना रही हो, पर मरी हुई आवाज़ में)* ये दोनों यहाँ से निष्कासित किये जाते हैं। इस हिदायत के साथ कि आज यहाँ जो भी हुआ, उसे अपनी दुनिया में लौट कर किसी को बताएँगे नहीं। अगर इन्होंने ऐसा किया, तो इन्हें पता रहे कि बात पूरी होने से पहले ही इनकी जीभ को लकवा मार जाएगा, और ये दोनों मृत्यु को प्राप्त होंगे। इन्हें ये भी ज्ञात रहे कि आज के दिन से पुत्र के कार्य-व्यापार में माँ का आशीर्वाद कारगर नहीं होगा।

❑❑